DAMPFSCHIFF

HOHENTWIEL

Das Dampfschiff HOHENTWIEL

Die „Hohentwiel“ auf einem Ölbild des Marinemalers Peter Dewitz.

Das Dampfschiff

HOHENTWIEL

... wieder in Fahrt auf dem Bodensee

Reinhard E. Kloser
Karl F. Fritz

Verlag Stadler Konstanz

Folgende Beiträge wurden uns freundlicherweise von den Autoren zur Verfügung gestellt:

Benito Boari, St. Gallen
„Die Innenausstattung der Hohentwiel" durch Bernhard Pankok

Arnulf Dieth, Bregenz
„Außerdienststellung und Verkauf der Hohentwiel".

Stadler Verlagsgesellschaft mbH, Konstanz 1992

Gestaltung: Erich Hofmann, Konstanz

ISBN 3-7977-0244-2

Bildnachweis
Archiv Fritz, S. 10, 12, 16, 18, 23, 25 u., 26 r./o., 31 r., 51, 53 o., 54 o., 59, 60 r.; Archiv Hofmann, S. 14; Archiv Kloser, S. 17 u., 25 m., 32 o., 45 o., 52 u., 53 u., 57, 65, 68, 76 u. l., 79 u., 80, 81, 82, 93 r., 94, 96 o. l., 98 u., 102, 104 u., 110, 114, 119, 129, 130 u., 131 o. l./r., 134, 135, 137 o. l., 138, 141, 142, 143 o. l., 144, Schutzumschlag Rückseite o., m. r., m. l.; Archiv Stadler, S. 11 o., 31 o., 37, 38, 39; Möbelwerkstätten Heinrich Auer, S. 108 o.; Arnulf Dieth, S. 12 u., 64; Mario Gavazzi, S. 116 o.; Kai Greiser S. 98 m. l., 103, 104 o., 105, 108 u., 109, 112 o., Schutzumschlag Vorderseite/Rückseite u.; Christoph Halves, S. 13, 17 o., 28 u., 29 u., 32 r., 52 o.; Hauptstaatsarchiv Stuttgart, S. 31 m., 32 l.; Peter Hummel, S. 6, 107, 108 u., 137 o. r., 140 o. l/o. r., 141 o. l., 142 o., 143 o.; Paul Keller, S. 54 u.; Kunstmuseum Singen, S. 33; Landesbildstelle Württemberg, S. 27; Bernhard Rigling, S. 50; Monika Sonntag, S. 60 l.; Alois Sporeni, S. 66, 69, 70, 71, 72, 73, 74, 75, 76 o./u. r., 77, 78, 79 o./m., 81, 83, 84, 85, 86, 87, 88, 89, 91, 92, 93 l., 96, 97 o. r./u., 98 o./m. r., 112 u., 113, 116 u., 121, 139 o. l.; Stadtarchiv Friedrichshafen, S. 25, 28 o., 29 o., 44, 45 u.; Stadtarchiv Konstanz, S. 11 u., 16 l., 46 l.; Emil Stark, S. 120, 130 o.; Franz Thorbecke, S. 131 u.; G. Vach, S. 132; Jürgen Wisckow, S. 117, 123, 128, 139 o. r./u., 141 u.; Hella Wolff-Seybold, S. 124, 126, 136; Beat Zumstein, S. 21, 26 l., 122

Inhaltsverzeichnis

50

Die „HOHENTWIEL“ bringt uns zusammen!

Liebe Mitbürger!

Wir sind weiterhin auf dem Weg, Trennendes zu überwinden, Zusammenarbeit zu beginnen, die Möglichkeiten, das Glück des Friedens kennenzulernen.

Hier am Bodensee tun wir dies mit alemannischer Behutsamkeit und Ausdauer. Der Respekt vor dem Geschaffenen, zeitgemäß gesagt, der Sinn für die Realität kommt hinzu. Veränderungen müssen sich in Taten ausprägen. In dem Abenteuer, das letzte Dampfschiff der Bodenseeflotte wieder instand zu setzen, haben sich Schweizer, Österreicher und Deutsche zusammengefunden.

Gemeinsam konnten wir die politischen Repräsentanten der Internationalen Bodenseekonferenz dafür gewinnen, unsere „Hohentwiel“ nicht nur halb – zu einem schwimmfähigen Schiffahrtsmuseum –, vielmehr vollständig einsatzfähig zu machen. Das ist nun gelungen.

Die „Hohentwiel“ ist im Erscheinungsbild ihrer Indienststellung im Jahre 1913 das eindrucksvollste Zeugnis der Schiffahrtsgeschichte des Bodensees. Wir verdanken diesen Erfolg in erster Linie dem Können und der Ausdauer des Herrn Schiffsingenieurs Reinhard E. Kloser aus Hard/Vorarlberg.

Vom Tage ihrer erneuten Indienststellung an – am 17. Mai 1990 – ist die „Hohentwiel“ beständig im Einsatz. Das einmalige Fahrerlebnis und die Freude einer Rundfahrt auf dem einzigen noch vorhandenen Bodensee-Dampfschiff haben sich schnell herumgesprochen.

Im künftigen Einsatz soll sie uns zusammenführen und zusammenhalten; uns, die von der Geschichte getrennten Brüder einer Sprache, mit unseren Gästen und Freunden. Wir wollen das Glück pflegen, im Frieden wieder einander näherzukommen, zueinander zu finden.

Möge uns die „Hohentwiel“ voranbringen.

Ihr
Klaus Henninger, Präsident des Vereins
„Internationales Bodensee-Schiffahrtsmuseum e.V.“

Vorwort

Nach der Gründung des Vereins „Internationales Bodensee-Schiffahrtsmuseum e. V." im Jahre 1984 und nachdem die „Hohentwiel" am 3. Oktober des gleichen Jahres zur ersten Untersuchung von Bregenz in die Schiffswerft nach Fussach verholt wurde, stellte ich mich beim Vereinspräsidenten, dem Lindauer Landrat Klaus Henninger, vor und bot ihm meine Hilfe bei der Wiederherstellung der Maschinenanlage der „Hohentwiel" an. Es ging mir damals in erster Linie darum, dieses letzte Werk der Schiffbaukunst vergangener Tage für den Bodensee zu erhalten. Hauptsächlich faszinierten mich dabei die Leistungen unserer Vorfahren auf schiffsbetriebstechnischem Gebiet, wo im „klassischen" Maschinenbau technische Funktionsabläufe nahezu gesamthaft auf mechanischem Wege gelöst werden mußten.

Die perfekte Handswerksarbeit und die Fähigkeit der damaligen Techniker, die zuverlässige Funktion ihrer Maschinenkonstruktionen mit optischer Schönheit zu verbinden – eine Eigenschaft, die heute weitgehend abhanden gekommen ist –, war für mich ein weiterer Grund mitzuhelfen, das Schiff für die heutige und für zukünftige Generationen zu erhalten. Durch meine Ausbildung als technischer Schiffsoffizier und durch die Erfahrungen, die ich während meiner vieljährigen Fahrenszeit in der Hochseeschiffahrt erworben hatte, war ich der Auffassung, bei den Instandsetzungsarbeiten einen nützlichen Beitrag leisten zu können.

Der Präsident nahm mein Angebot gerne an und lud mich zunächst einmal zur ersten Vorstandssitzung des Vereins ein. Aus der bescheidenen Bereitschaft zur Mithilfe entwickelte sich dann im Laufe der Zeit eine intensive Zusammenarbeit: Im weiteren Fortgang der Arbeiten wurde mir die Gesamtplanung und Projektleitung für die Wiederherstellung der „Hohentwiel" übertragen.

Nach eingehenden Untersuchungen der technischen Anlagen des Schiffes – soweit sie noch vorhanden waren – machte ich den Vorschlag, die „Hohentwiel" wieder funktionsfähig zu restaurieren. Damit fand ich sofort die ungeteilte Zustimmung beim Vereinspräsidenten Klaus Henninger, der schon bei der Vereinsgründung das Bestreben und sein Interesse für ein solches Vorhaben angedeutet hatte und dem es nun tatsächlich auch gelang, die Vorstandschaft und nicht zuletzt auch die politischen Repräsentanten der Internationalen Bodenseekonferenz von dieser – zum damaligen Zeitpunkt – geradezu kühnen Zielsetzung zu überzeugen.

Das Schiff befand sich in einem derart desolaten Zustand, daß nur die wenigsten an ein gutes Gelingen glauben mochten. Die Bezeichnung „Spleenige Hasardeure" aus dem Mundes eines „Fachmannes" bleibt mir aus dieser Zeit dauerhaft in Erinnerung.

Die Mitgliederwerbung für den Verein wurde unter dem Leitsatz „Die Hohentwiel soll wieder fahren" intensiviert, und schon bald fand das Vorhaben großes Interesse und breite Zustimmung bei den Bürgern des Bodenseeraumes. Die oftmals harte Arbeit war nur durch die vertrauensvolle, nützliche und erfreuliche Zusammenarbeit mit dem Vereinspräsidenten, der Mitarbeit der Vorstandsmitglieder und der vielen weiteren uneigennützigen Unterstützungen und Hilfen zu bewältigen.

Bei der „zweiten Jungfernfahrt" am 17. Mai 1990 fand das Unternehmen „Die Hohentwiel soll wieder fahren" einen würdigen Abschluß – der Bodensee hatte wieder einen Raddampfer.

An dieser Stelle sei all denen gedankt, die an die Realisierung dieses Projektes geglaubt haben und dieses mit finanziellen, ideellen und Sachleistungen gefördert haben. Ohne diese Hilfe wäre ein gutes Stück Bodenseegeschichte unwiederbringlich verlorengegangen.

Reinhard E. Kloser

Vom „Seeschneck" zur „Hohentwiel"

„Er goht, er goht!", riefen am 10. November 1824 die biederen „Häfler", wie sich die Bürger Friedrichshafens selbst gerne bezeichnen, als sich die hölzernen Schaufelräder des Dampfbootes „Wilhelm" zu drehen begannen und das Schiff mit wehender Rauchfahne auf den See hinausfuhr. In ungefähr einer Stunde war das sechs Kilometer entfernte Langenargen erreicht. Am Tag darauf wurde zum ersten Male der künftige Zielhafen Rorschach angelaufen.

Ungeachtet des tobenden Föhnsturmes benötigte die „Wilhelm" für diese Fahrt etwas mehr als zwei Stunden. Das in der Wasserlinie rund 31 Meter lange Schiff war mit einer einzylindrigen Balanciermaschine ausgerüstet. Die Antriebsleistung lag bei 20 nominellen Pferdestärken. Die Geschwindigkeit von etwa 10,5 Stundenkilometern war noch verhältnismäßig gering. Das kann mit den noch starr montierten Radschaufeln begründet werden. Am 1. Dezember 1824 nahm die „Wilhelm" den regelmäßigen Dienst auf der 19 Kilometer langen Direktroute zwischen Friedrichshafen und Rorschach auf.

Mit dem auf Initiative König Wilhelms I. von Württemberg, des amerikanischen Konsuls Edward Church und des Stuttgarter Verlagsbuchhändlers Freiherr von Cotta in Dienst gestellten Dampfboot war der unglückliche Mechanikus Johann Caspar Bodmer in Vergessenheit geraten. Doch wird dieser Dampfschiffpionier ohne Fortune trotz seines mißglückten Versuches mit dem Dampfboot „Stephanie", anno 1818, stets einen besonderen Platz in der Schiffahrtsgeschichte des Bodensees einnehmen. Denn als die ursprünglich für die „Stephanie" vorgesehene Maschine wegen Zahlungsunfähigkeit in Rotterdam beschlagnahmt wurde, baute Bodmer kurzerhand eine Spinnereimaschine in den Schiffsrumpf. Für die Jungfernfahrt von Konstanz nach Meersburg wurden ganze vier Stunden benötigt, und auf der Rückfahrt gab die viel zu schwache Maschine vollends ihren Geist auf. Bodmer konnte sich nur durch schleunigste Flucht in das benachbarte Königreich Württemberg seinen wutentbrannten Gläubigern entziehen. Doch alleine die Tatsache, daß bereits zehn Jahre nach der „Clermont" des Amerikaners Robert Fulton auf dem Hudson River der Versuch gewagt wurde, ein solches Schiff auf dem Bodensee einzuführen, darf aus heutiger Sicht als äußerst mutig bewertet werden.

Mit der „Wilhelm" hatten nun die Dampfschiffe ihren endgültigen Siegeszug auf dem Bodensee angetreten. Gleichzeitig war auf der „Schiffsholm" in Friedrichshafen noch ein weiteres Dampfboot fertiggestellt worden.

Zu Ehren des bayerischen Königs hatte es den Namen „Max Joseph" erhalten und sollte in Lindau stationiert werden.

Aber der König im weit entfernten München hatte Cottas und Churchs Ersuchen wohl stattgegeben, doch die Lindauer Schifferzünfte machten hier einen Strich durch die Rechnung. Danach blieb Cotta keine andere Wahl, als die „Max Joseph" nach Konstanz zu verlegen. Sie befuhr

Zeitgenössische Darstellung des ersten funktionstüchtigen Bodensee-Dampfbootes „Wilhelm“ um 1825 in Friedrichshafen.

Rechte Seite unten: Im Jahre 1854 wurde der badische Glattdeckdampfer „Friedrich“ in Dienst gestellt. Er verkehrte bis 1902.

als erstes Dampfboot die Untersee- und Hochrheinstrekke. Bereits am 8. Dezember 1824 erreichte das Schiff Stein am Rhein, wo es wegen eines für diese Jahreszeit ungewöhnlich hohen Wasserstandes an der Brücke hängenblieb. Erst am 22. April des darauffolgenden Jahres konnten die Schaffhauser erstmals ein Dampfschiff bewundern. Die Fahrt unter den niedrigen Rheinbrücken hindurch war zu jener Zeit noch ein recht mühseliges Unterfangen, da der Schornstein jedes Mal stückweise demontiert und nachher wieder zusammengesetzt werden mußte.

Auch die starke Strömung und die tückischen Fahrwasserverhältnisse des Hochrheins stellten an Schiff und Besatzung keine geringen Anforderungen. Denn vor allem stromaufwärts kam die „Max Joseph“ mit ihrer schwachen Maschinenleistung nur im Fußgängertempo voran. Die „Max Joseph“ war eines der ersten Dampfschiffe überhaupt, das von der genialen Erfindung des Amerikaners Buchanan profitierte. Trotz der etwas geringeren Maschinenleistung gegenüber der „Wilhelm“ erreichte sie mit ihren beweglichen Radschaufeln eine Geschwindigkeit von 11,5 Stundenkilometern.

Schon gegen Ende der 20er Jahre mußte der schadhaft gewordene Schiffsrumpf der „Wilhelm“ neu beplankt werden. Auf einen königlichen Erlaß hin wurden für diese Arbeiten im Forst Bebenhausen bei Tübingen die besten Eichen gefällt. Dagegen lohnte sich eine Restaurierung der „Max Joseph“ nicht mehr. Das stark beanspruchte Schiff wurde 1829/30 zum Abwracken verkauft.

Bald wurde in Konstanz eine neue Gesellschaft gegründet, die 1832 die Schiffe „Leopold“ und „Helvetia“ in Betrieb nahm. Mit der bayerischen „Ludwig“ erhielt der Bodensee im Jahre 1837 sein erstes Dampfboot mit einer Eisenschale. Doch beim Stapellauf am 2. September brach der hölzerne Stapelschlitten unter dieser ungewohnten Last zusammen. Ein alter, wetterharter Fischer beobachtete diesen Vorfall von seinem Kahn aus, nahm einen raschen Zug aus seiner Stummelpfeife und feixte schadenfroh: „Ise ischt Ise, und Ise schwimmt it!“ Doch der badische Dampfer „Helvetia“, der zu den Tauffeierlichkeiten in Lindau erschienen war, strafte den Petrusjünger Lügen, denn mit seiner Hilfe gelang es, die „Ludwig“ vollends ins nasse Element zu schleppen.

Als zweites, ganz aus Eisen konstruiertes Schiff lief 1839 die württembergische „Kronprinz“ vom Stapel. Waren die bisherigen Bodenseeschiffe oder zumindest ihre Kessel- und Maschinenanlagen noch alle bei englischen Firmen in Auftrag gegeben worden, so stammte die „Kronprinz“ nun aus den Werkstätten der noch jungen Züricher Maschinenfabrik Escher Wyss & Cie.

Mit der „Kronprinz“ etablierte sich die schweizerische Maschinenfabrik über lange Jahre als „Hoflieferant“ für die Bodenseeschiffahrt. Die Ära der Escher Wyss-Schiffe endete erst 1913 mit der „Hohentwiel“.

Dampfschifffahrt
auf dem
Bodensee 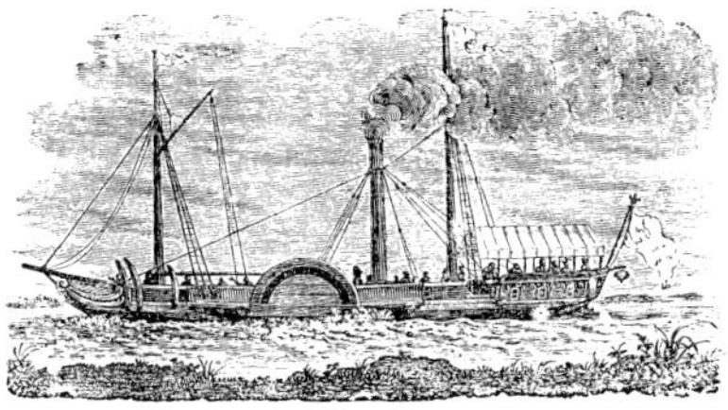 und Rhein.

SOMMER-FAHRTEN
der Dampfboote Leopold, Helvetia und Ludwig,
vom 6. Juni bis einschlüssig 13. Oktober 1838.

Bannhard'scher Druck in Konstanz.

Weitere Baufirmen waren ab 1867 die Maschinenfabrik Gebrüder Sulzer aus Winterthur, ab 1888 die Firma J. A. Maffei in München und auf österreichischer Seite die Schiffswerft Linz, eine Tochterfirma des k.u.k. Stabilimento Tecnico in Triest und die Maschinenbau AG Prag, vormals Ruston AG. Vereinzelt wurden auch Bodenseeschiffe von Gebrüder Sachsenberg in Rosslau an der Elbe, Andersen in Neckarsulm und der Maschinenfabrik Esslingen gebaut. Den „Löwenanteil" mit 34 Schiffen konnte jedoch Escher Wyss verbuchen. Die große Anzahl von Trajektkähnen und Güterschleppbooten aus dieser Firma bleibt dabei unberücksichtigt.

Als erstes Schiffahrtsunternehmen am Bodensee ging im Jahre 1854 die „Württembergische Dampfschiffahrts-Gesellschaft" in bahneigenen Besitz über. Die bayerischen und badischen Dampferflotten folgten 1862 und 1863. Die Schiffahrtsbetriebe der Schweiz und Österreichs wurden mit Ausnahme der privaten „Dampfboot-Gesellschaft Untersee & Rhein" zwischen 1855 und 1884 von den Eisenbahnverwaltungen ins Leben gerufen.

Mit dem Heranführen der Eisenbahnlinien an den Bodensee konnte nun der Kohlenbrennstoff zu wesentlich günstigeren Bedingungen transportiert werden, was sich vorteilhaft auf die Weiterentwicklung der Maschinenanlagen auswirkte. Die holzgefeuerten Kofferkessel verschwanden immer mehr, und an ihre Stelle trat nun der zylindrische Rauchrohr-/Großwasserraumkessel, in der Fachsprache auch als Schotten- oder Marinekessel bezeichnet. Die Kohlenfeuerung führte darüber hinaus zu einer erheblichen Leistungssteigerung der Maschinenanlagen.

Nach 1870 entwickelte sich die schrägliegende Zweizylinder-Verbundmaschine zum Standardtyp auf dem Bodensee und den anderen mitteleuropäischen Binnengewässern. Zwischen 1888 und 1892 wurde eine Reihe von Dampfschiffen mit Dreifach-Expansionsmaschinen ausgerüstet. Dem Vorteil einer besonders ruckfreien Fahrweise standen jedoch die Nachteile einer verhältnismäßig trägen Reaktion bei raschen Stoppmanövern gegenüber, weshalb sich dieser Maschinentyp auf die Dauer nicht durchsetzen konnte.

Das erste Dampfboot „Wilhelm", in seinen alten Tagen als „Seeschneck" bezeichnet, da es längst mit den Schiffen neuerer Bauart nicht mehr Schritt halten konnte, beendete sein für die damalige Zeit recht langes Dasein im Jahre 1848. Dem robusten und unverwüstlichen „Kronprinz" waren 1847 die Dampfer „Königin von Württemberg", 1851 die „Wilhelm" (II), vom Volksmund als „Eiserner Wilhelm" bezeichnet, und 1854 die „Olga" gefolgt. Bereits unter die Ära der Königlich Württembergischen Staatseisenbahnen fiel 1856 die Indienststellung der recht stattlichen „Friedrichshafen" (I).

Als letzter Glattdeckdampfer nahm 1870 die leistungsstarke „Eberhard" ihre Fahrten auf, benannt nach dem württembergischen Herzog aus dem 15. Jahrhundert.

Den Namen von Herzog Christoph, der im 16. Jahrhundert residiert hatte, trug von 1872 bis 1877 zunächst der aus Schaffhausen angekaufte Dampfer „Hohenklingen". Nach der Indienststellung des gleichnamigen Salondampfers wurde dieses Glattdeckschiff in „Mömpelgard" umbenannt.

Die Grafschaft Mömpelgard, das heutige Montbéliard in der Burgundischen Pforte, zählte damals zu den Besitztümern der württembergischen Krone.

Württembergs erster und einziger Decksalondampfer „Christoph" aus dem Jahre 1877 stammte ebenfalls aus dem Hause Escher Wyss. Gegenüber der sechs Jahre älteren badischen „Kaiser Wilhelm" wirkte dieses Schiff etwas filigraner, erreichte allerdings nicht ganz die Kapazität des damaligen Flaggschiffs der Konstanzer Flotte.

In früheren Zeiten dienten die Schiffe „König Karl" ex „Kronprinz" und „Olga" für Sonderfahrten des württembergischen Hofes. Die alte „Kronprinz" war nach der Thronbesteigung ihres Namenspatrons zum Königsschiff geworden und hieß ab 1864 „König Karl" (I). Vor dem Schloß Friedrichshafen war eigens eine Anlegestelle gebaut worden, der sogenannte Königshafen, der außerdem noch die Boote des königlichen Yachtclubs beherbergte. Von nun an diente die „Christoph" als vergleichsweise luxuriöser Decksalondampfer der württembergischen Flotte als Staats- und Repräsentationsschiff.

Nach der Indienststellung der „Christoph" sollte es nun zwölf Jahre dauern, bis die Dampferflotte neuen Zuwachs erhielt. Innerhalb dieses Zeitraumes fiel lediglich noch der Umbau des Glattdeckdampfers „Friedrichshafen" (I) in ein Halbsalonschiff.

Eigentlich hätte der konventionelle Halbsalondampfer „Koenig Karl" (II) schon 1889 die Bodenseewellen durchpflügen sollen. Aber als nach einem durch Schweißarbeiten entstandenen Werftbrand von dem Neubau nur die ausgeglühte Schale übrigblieb, mußte dieser Dampfer vollständig neu aufgebaut werden. Auf diese Weise kam das Schiff erst 1890 zum Einsatz.

Die „Koenig Karl" gilt als der Prototyp einer neuen württembergischen Dampferserie, die erst im Jahre 1913 mit der „Hohentwiel" endete. Während die meisten Halbsalonschiffe der anderen Schiffahrtsunternehmen schmale und hohe Aussichtsfenster erhalten hatten, wurden von der „Koenig Karl" an lange und großflächige Fenster gewählt, die von nun an alle Friedrichshafener Schiffe als charakteristische „Württemberger" erkennen ließen. Die „Koenig Karl" wurde durch eine schrägliegende Dreizylinder-Dreifach-Expansionsmaschine mit einer Leistung von 500 PSi angetrieben, die eine Geschwindigkeit von 25 Stundenkilometern ermöglichte. In diesen Zeitabschnitt fällt auch der Stellenwechsel bei der Friedrichshafener Dampfschiffahrts-Inspektion. Der langjährige Schiffahrtsinspektor Karl Schaible wurde durch den Kapitänleutnant a. D. Friedrich Bethge abgelöst. Dieser bemühte sich ebenso wie sein damaliger österreichischer Amtskollege, k.u.k. Korvettenkapitän a.D. Emil Krumholz, um ein möglichst maritimes Erscheinungsbild der württembergischen Bodenseeschiffe.

Als echtes Prunkschiff wirkte die im Januar 1893 in Dienst gestellte „Koenigin Charlotte". Sie ersetzte den aus dem Jahre 1854 stammenden Glattdeckdampfer „Olga". Aus heutiger Sicht mag es beinahe makaber anmuten, daß

Rechts: Uniformen der Königlich Württembergischen Bodensee-Dampfschiffahrt aus dem Jahre 1887. Von links nach rechts: Matrose in Dienstrock und Südwester, Kapitän in Galauniform und Steuermann.

Linke Seite von oben nach unten: Friedrichshafen um 1895. Am mittleren Kai, dem sogenannten „Damm", liegen Seite an Seite die Dampfschiffe „Württemberg" (I) ex „König Karl" ex „Kronprinz" und „Bodan" aus Romanshorn. Die aus dem Jahre 1839 stammende „Württemberg" (I) war damals das älteste Dampfschiff der Friedrichshafener Flotte. Links im Bild der alte Hafenbahnhof.

Im Jahre 1869 wurde die erste Eisenbahntrajektroute zwischen Friedrichshafen und Romanshorn eröffnet. Diese um 1875 entstandene Darstellung zeigt Aussehen, Inneneinrichtung und Maschinenanlage des Dampftrajektschiffes Nr. I, das als „Kohlenfresser" in die Schifffahrtsgeschichte des Bodensees einging.

Eine typische Vertreterin der württembergischen Bodensee-Dampfschiffe war die 1892 in Dienst gestellte, gemeinschaftlich von der Firma Gebrüder Sachsenberg in Rosslau und der Stuttgarter Maschinenfabrik Gotthilf Kuhn erbaute „Königin Charlotte". Diese Aufnahme zeigt das Schiff um 1910 im Lindauer Hafen. Beachtenswert ist der integrierte Pavillon am achteren Ende des Halbsalons.

wenige Tage nach dem Tod der Königinmutter Olga am 30. Oktober 1892 auf Schloß Friedrichshafen auch der nach ihr benannte Dampfer außer Dienst gestellt wurde.

Schiffsrumpf und Aufbauten der „Koenigin Charlotte" stammten aus der Elbewerft Gebrüder Sachsenberg in Rosslau, Kessel- und Maschinenanlage, ebenso die Antriebsorgane lieferte die Maschinenfabrik Gotthilf Kuhn in Stuttgart-Berg. Zu den Besonderheiten dieses Schiffes zählte der sogenannte „Königspavillon" am hinteren Ende des Halbsalons, aus dessen kuppelförmigem Dach der Heckflaggenstock senkrecht herausragte.

Diese Räumlichkeit diente bei besonderen Anlässen der königlichen Familie als separater Salon, im Kursverkehr konnte er jedoch von den Reisenden der I. Klasse mitbenutzt werden.

Die „Koenigin Charlotte" war ebenso wie die „Koenig Karl" mit einer Dreizylindermaschine ausgerüstet. Deshalb wurden beide Schiffe häufiger als die meisten anderen württembergischen Dampfer überwiegend im Querverkehr nach Romanshorn und Rorschach eingesetzt. Denn im Gegensatz zum Obersee-Längsverkehr bewährten sich auf diesen Routen ohne häufige Zwischenstationen die sogenannten „Triplex-Anlagen" ausgezeichnet.

Die beiden folgenden württembergischen Neubauten fallen bereits in den Beginn des 20. Jahrhunderts. In den Jahren 1901 und 1903 ersetzten die Dampfer „Koenig Wilhelm" und „Württemberg" mit ihren gedrungenen Silhouetten die alten Glattdecker „Wilhelm" (II), den sogenannten „Eisernen Wilhelm", und das alte „Arbeitspferd" „Württemberg" (I) ex „Koenig Karl" (I), ex „Kronprinz".

Schiffsrumpf und Aufbauten stammten nach Plänen von Sachsenberg aus der Firma Andersen in Neckarsulm, die Zweizylinder-Verbundanlagen mit Joyscher Steuerung wiederum von Gotthilf Kuhn in Stuttgart. Beide Schiffe waren sehr komfortabel eingerichtet und zeichneten sich außerdem durch eine gute Stabilität aus.

Nun war es nur noch ein kleiner Schritt bis zu den ausgereiften Konstruktionen „Friedrichshafen" und „Hohentwiel". Diese beiden Schwesternschiffe sollten die letzten Neubauten sein, die von Escher Wyss & Cie als gelungene Meisterwerke der Ingenieure Friedrich Schätti und Franz Kretzschmar geliefert wurden.

Wirkten die Radkastenwappen der älteren Baureihen einschließlich der „Württemberg" noch bescheidener, so führten „Friedrichshafen" und „Hohentwiel" die großen und prachtvollen Wappenschilder des württembergischen Königshauses bis in den Zweiten Weltkrieg hinein.

Hafenszene in Konstanz anläßlich des internationalen Bodensee-Sängertreffens im Jahre 1896. Im Vordergrund das 1888 in Dienst gestellte Dampfschiff „Zähringen" mit den für die badischen Halbsalonschiffe über lange Zeit typischen, eng aneinandergereihten schmalen Fenstern. Vor der „Zähringen" der erste Salondampfer des Bodensees, die „Kaiser Wilhelm" aus dem Jahre 1871. An der Außenmole das Glattdeckschiff „Leopold" (1840–1905) und der Eisenbahn-Trajektkahn „Ludwigshafen".

Blick vom Lindauer Leuchtturm auf den Hafen um die Jahrhundertwende. Links im Bild vor dem Mangturm und am Landungsplatz „Dammzunge“ die beiden bayerischen Schwesterschiffe „Rupprecht“ und „Prinz-Regent“, daneben die badische „Zähringen“.

Rechte Seite oben: Nach der Stillegung des „Kohlenfressers“ mußten die Kursdampfer wieder vermehrt Trajektdienste leisten. Um 1910 hat das Schwesterschiff der „Hohentwiel“, die „Friedrichshafen“ (II), mit einem Trajektkahn den See überquert und wird in wenigen Minuten in Romanshorn anlegen. Schleppdienste für die beiden Renommierschiffe „Friedrichshafen“ und „Hohentwiel“ waren allerdings eher selten.

Unten: In den 20er Jahren. Die „Hohentwiel“ unter festlicher Flaggengala bei der Ausfahrt aus dem Bregenzer Hafen.

Romanshorn, Hafen

HOHENTWIEL
Bregenz. Partie am Hafen (Vorarlberg)
Monopol 9965

Die typischen Bauarten der Bodenseedampfschiffe

Glattdeckschiff

Das Dampfschiff „Württemberg (I)“, 1839 bis 1903.

Oszillierende Maschinenanlage um 1870.

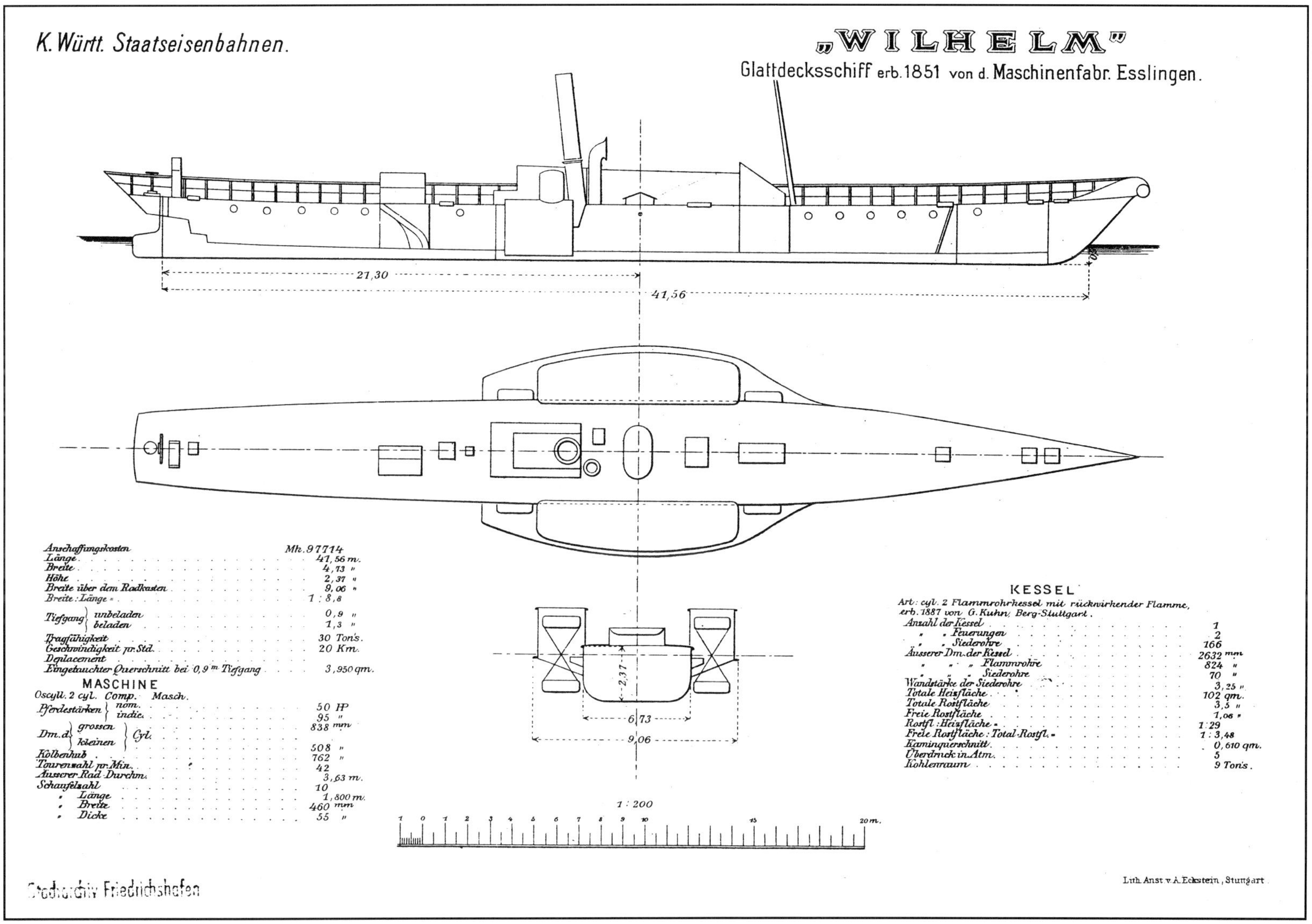

Dampfschiff „Wilhelm" (II)
im Volksmund der „Eiserne Wilhelm" genannt

Technische Daten

Erbauer:	Maschinenfabrik Esslingen
Baujahr:	1851
Länge in der CWL:	41,56 m
Breite im Hauptspant:	4,73 m
Seitenhöhe:	2,37 m
Breite über die Radkästen:	9,06 m
Tiefgang leer:	0,90 m
Maschinenleistung:	50 PS nom. 95 PSi
Geschwindigkeit:	20 km/h
zul. Personenzahl:	300

Halbsalonschiff

Der badische Bodensee-Dampfer
Stadt „Meersburg“

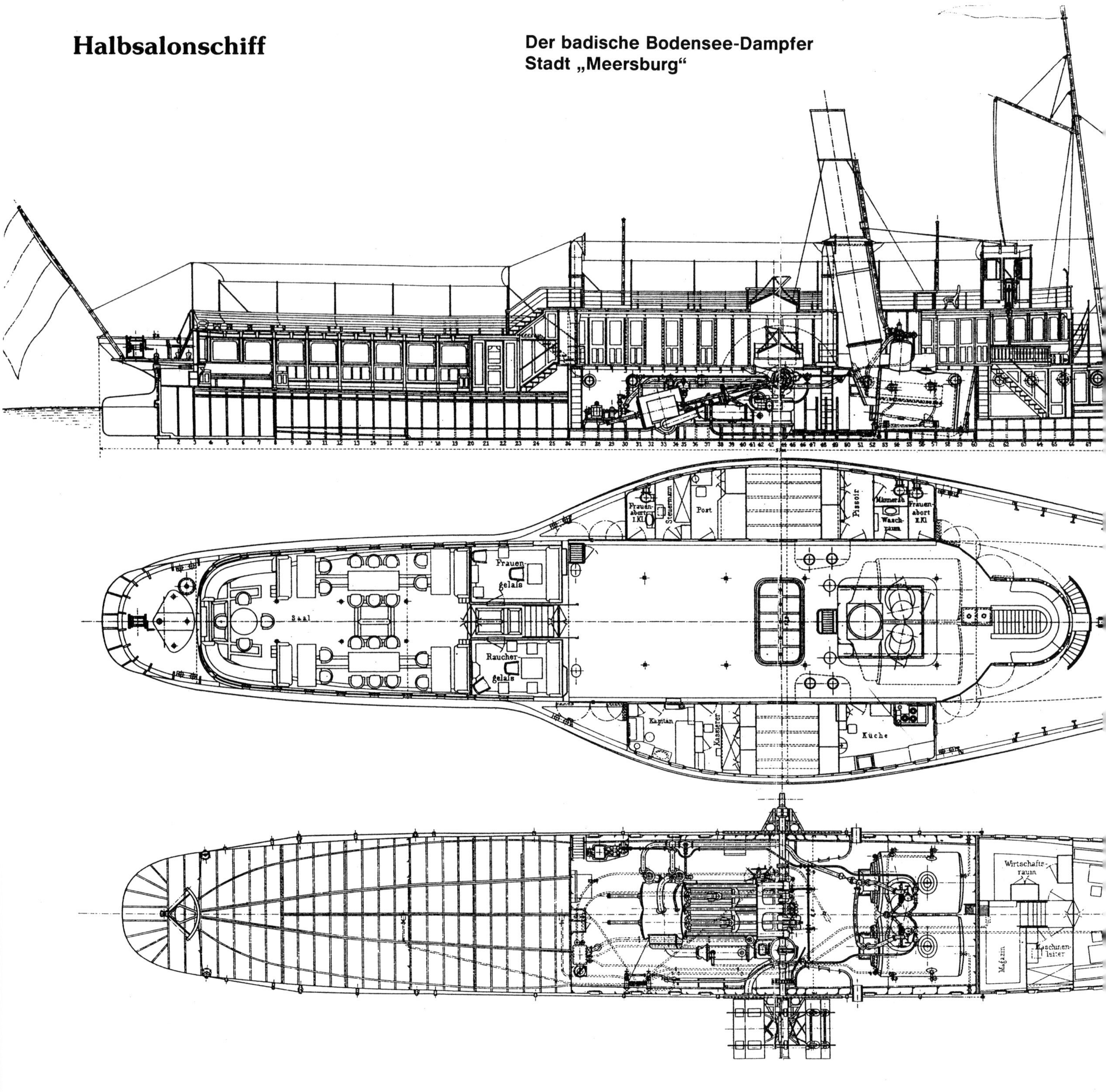

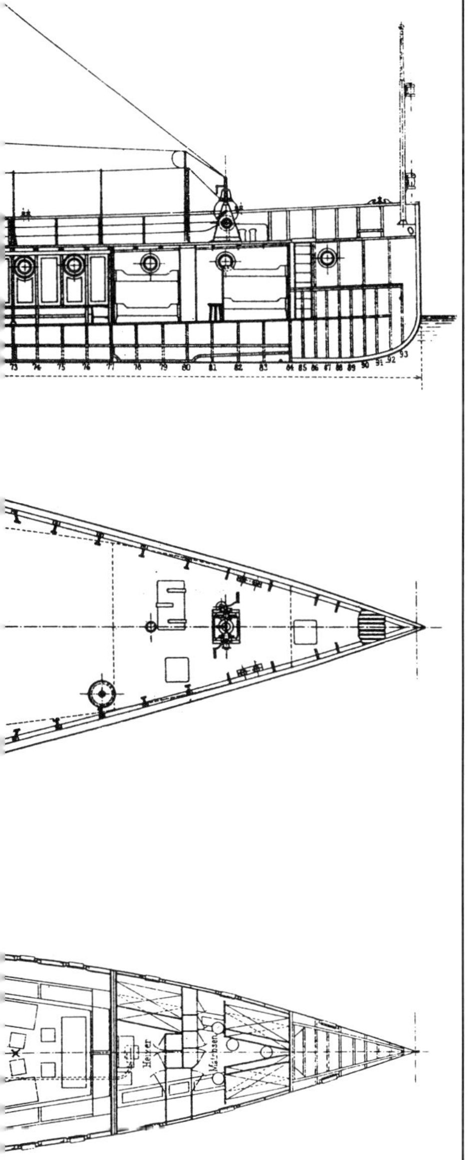

Dampfschiff „Stadt Meersburg“

Technische Daten

Erbauer:	Maschinenfabrik Gebrüder Sulzer/Winterthur
Baujahr:	1902
Eigner:	Großherzoglich Badische Staatseisenbahnen 1902–1920 Deutsche Reichsbahn 1920–1945 Generaldirektion der Südwestdeutschen Eisenbahnen 1947–1952 Deutsche Bundesbahn 1952–1960

Länge über alles:	55,00 m
Länge in der CWL:	52,40 m
Breite über alles:	13,20 m
Breite auf Hauptspant:	6,50 m
Seitenhöhe:	2,80 m
Tiefgang leer:	1,29 m
Wasserverdrängung leer:	253,0 t
Maschinenanlage:	Schrägliegende Zweizylinder-Heißdampfanlage mit Ventilsteuerung (Sulzer)
Leistung:	614 PSi Normalbetrieb 760 PSi forcierte Fahrt
maximale Probefahrts-Höchstgeschwindigkeit:	27,9 km/h
zul. Personenzahl:	600 800 ab 1923
Heimathafen:	Konstanz
Umbau:	1932/33 durch Bodanwerft Kreßbronn

Decksalonschiff

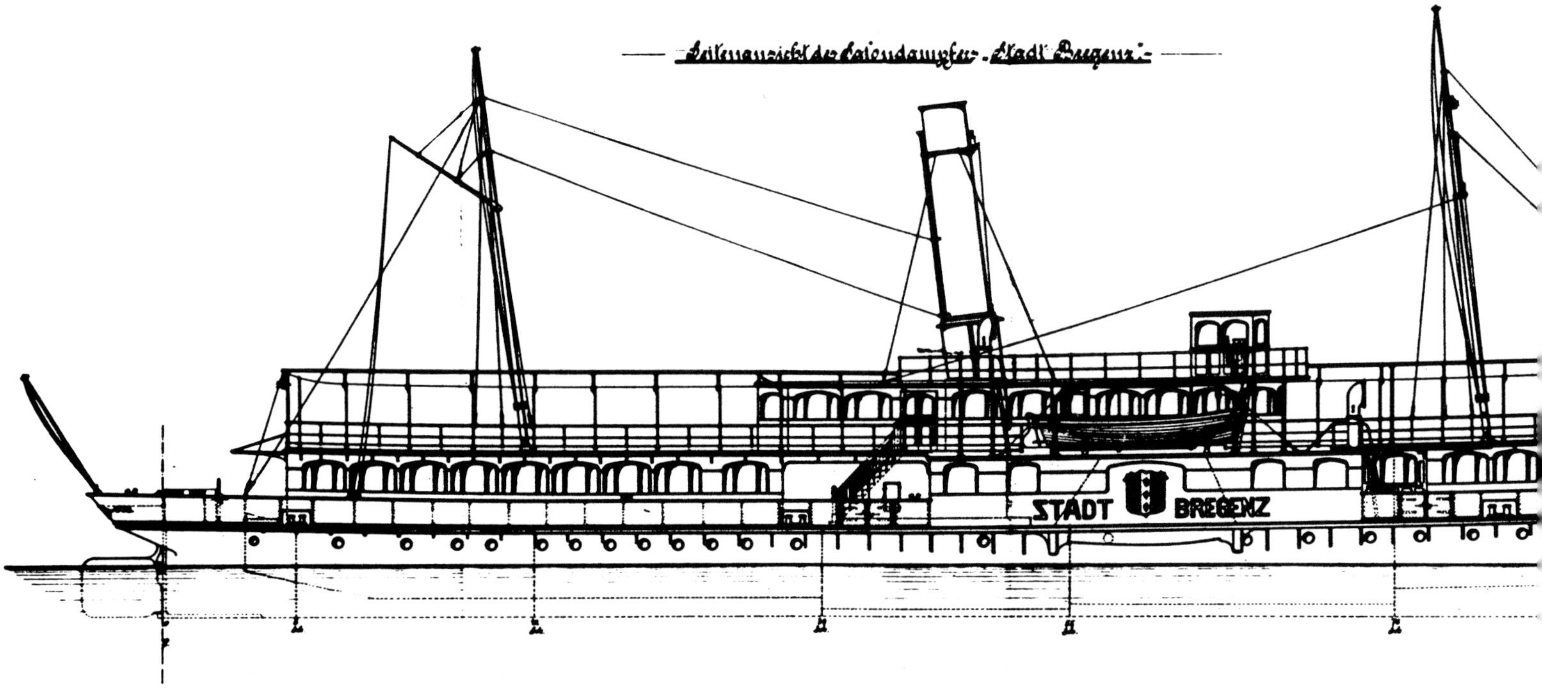

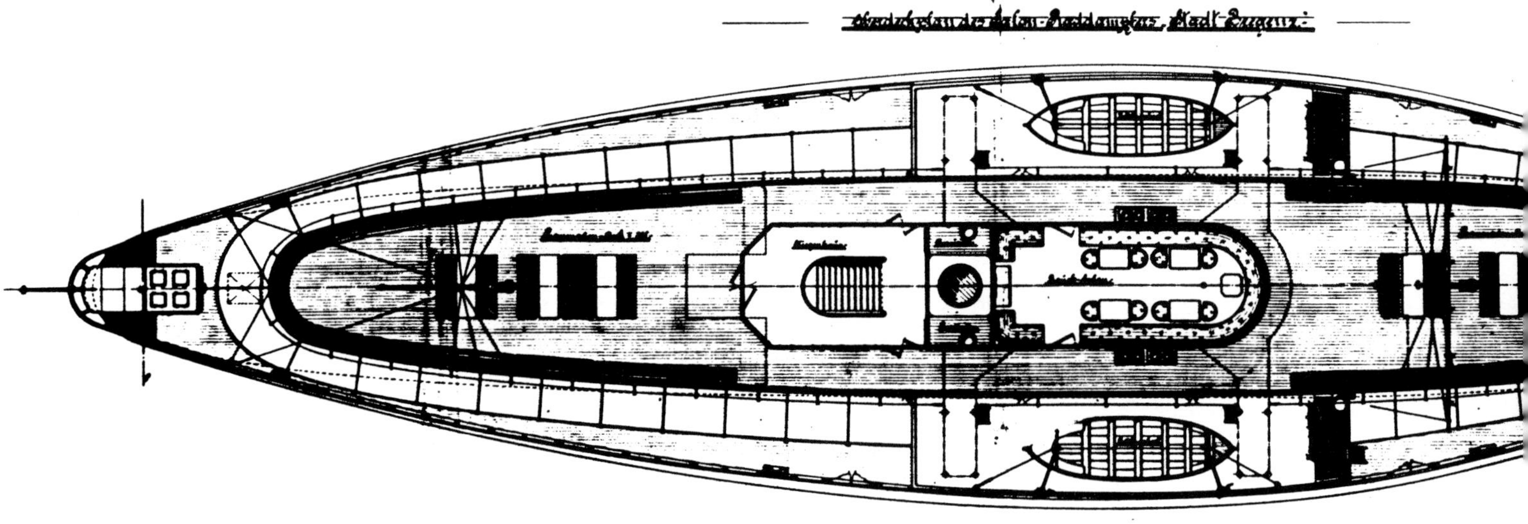

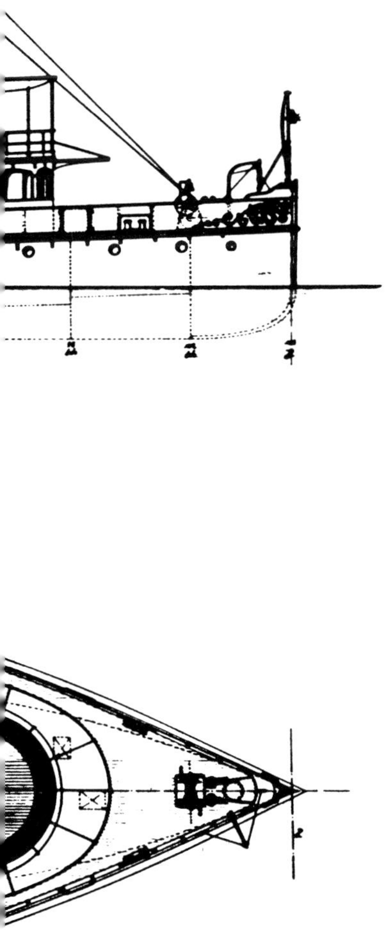

Dampfschiff „Stadt Bregenz“

Technische Daten

Erbauer:	Schiffswerft Linz a. d. Donau/ Stabilimento Tecnico Triestino
Baujahr:	1909/10
Eigner:	k. u. k. Österreichische Staatsbahnen 1910–1919
	Österreichische Staatsbahnen 1919–1921
	Österreichische Bundesbahnen 1921–1938
	Deutsche Reichsbahn 1938–1945
	Österreichische Bundesbahnen 1945–1966

Länge über alles:	60,15 m
Länge in der CWL:	57,60 m
Breite über alles:	13,75 m
Breite auf Hauptspant:	7,00 m
Seitenhöhe:	2,80 m
Tiefgang leer:	1,65 m
Wasserverdrängung leer:	347,0 t
Maschinenanlage:	Schrägliegende Zweizylinder-Heißdampfanlage mit Ventilsteuerung (Stabilimento Tecnico, Triest)
Leistung:	650 PSi Normalbetrieb 870 PSi forcierte Fahrt
maximale Probefahrts-Höchstgeschwindigkeit:	27,5 km/h
zul. Personenzahl:	1000 850 1921–1938 1000 ab 1938
Heimathafen:	Bregenz
Umbau:	1938, neue Kesselanlage: 1956

Die Bodenseedampfschiffe von 1817 bis 1929

Bei allen von 1817 bis 1870 für den Bodenseeverkehr gebauten Dampfschiffen handelte es sich um Eindeckschiffe oder sogenannte Glattdeckraddampfer. Der Schiffsrumpf wurde nach oben durch ein festes Deck bis auf die Radkästen und Kajütniedergänge abgeschlossen. Im Vorschiff befand sich in der Regel die meist sehr spartanisch eingerichtete Kajüte II. Klasse mit einem Wirtschaftsraum, an die sich nach vorne der durch eine Schottwand abgetrennte Mannschaftsraum anschloß. In diesen Mannschaftsraum gelangte man vom Hauptdeck durch eine als „Fuchsloch" bezeichnete Einstiegluke. Die meisten der bis etwa 1860 gebauten Glattdeckschiffe verfügten zwischen der Vorschiffskajüte und dem Kessel- und Maschinenraum über einen Frachtraum. Gegenüber der II. Klasse war die Kajüte I. Klasse im Achterschiff mit üppig gepolsterten Sitzmöbeln ausgestattet und hinterließ somit einen freundlicheren, vornehmeren Eindruck. Beide Kajüten wurden durch geschützte Niedergänge erreicht.

Schon ab etwa 1840 wurden die seitlichen Radkastenanbauten für die Unterbringung von Toiletten, Kassenraum, Bordküche und Kapitänskajüte genutzt. In den Anfangsjahren der Bodenseedampfschiffahrt übte der Kapitän weniger eine seemännische als eine eher kaufmännische Funktion aus. Der nautische Dienst an Bord wurde vom Steuermann überwacht und durchgeführt.

Im Jahre 1871 stellten die badischen Staatseisenbahnen als ersten Salondampfer die „Kaiser Wilhelm" in Dienst. Bei diesem Schiffstyp wurde die Raumaufteilung unter Deck grundsätzlich beibehalten.

Auf dem Achterdeck befand sich jedoch ein geräumiger Salonaufbau mit großen Aussichtsfenstern. Zwei seitliche Treppenaufgänge führten auf das Oberdeck, dem sogenannten „Promenadendeck". Die Unterdecksräume im Achterschiff umfaßten eine kleinere Kajüte I. Klasse, den Rauch- und Damensalon sowie die Kapitänskajüte.

Als nachteilig für die Manövrierbarkeit von Decksalonschiffen, wie sie ab 1872 auf mehreren Gewässern der Innerschweiz eingeführt wurden, stellten sich bald die noch vor dieser Epoche entstandenen Hafenanlagen heraus. Hinzu kamen die besonderen Verhältnisse auf dem Bodensee. Bei starkem Wind boten die gegenüber den bisherigen Glattdeckdampfern vergleichsweise hohen Decksalonschiffe eine ungemein große Windangriffsfläche. Dieser Umstand machte sich besonders bei An- und Ablegemanövern in bestimmten Häfen wie Lindau, besonders aber an den ungeschützten Zwischenstationen unliebsam bemerkbar.

Erschwerend kam noch hinzu, daß die Fahrwassertiefen an den überwiegend im flachen Uferbereich angelegten Landestellen nur knapp ausreichten. Deshalb mußte auch der Tiefgang eines vollbesetzten Schiffes möglichst gering gehalten werden.

Auf einer Konferenz der vier damals bestehenden Obersee-Verwaltungen, die 1876 in Lausanne stattfand, wurde einstimmig der Bau von Halbsalonschiffen beschlossen.

Die beiden Schwesterschiffe „Koenig Wilhelm“ und „Württemberg“ während eines recht ungewöhnlichen Einsatzes. Im Jahre 1908 wird die alte Luftschiffwerft zum Abbruch nach Bodman geschleppt. Der charakteristische württembergische Dampfertypus aus dem ersten Jahrzehnt des 20. Jahrhunderts kommt hier besonders gut zur Geltung.

Die drei leistungsstärksten Dampfschiffe der Bodenseeflotte um 1925 im Lindauer Hafen vereint. Von links nach rechts: Dampfschiff „Bavaria“, 920 PS, Erbauer J. A. Maffei, München, Dampfschiff „Hohentwiel“, 950 PS, Erbauer Escher Wyss & Cie, Zürich, und Dampfschiff „Lindau“, 850 PS, Erbauer J. A. Maffei, München.

Bereitstellungsmanöver der „Bavaria“ im Sommer 1913 in Friedrichshafen. Vor dem „Salzstadel“ die „Hohentwiel“. Zufällig begegnen sich hier die beiden damals modernsten Dampfschiffe auf dem Bodensee.

Beim Abbruch des Glattdeckdampfers „Mainau“ ex „Stadt Konstanz“ im Mai 1928 kommen die Eigenheiten dieses Schiffstyps noch einmal eindrucksvoll zur Geltung. Blick vom Kajütniedergang II. Klasse auf das mittschiffs angeordnete Maschinenoberlicht und den Schornstein, der schon teilweise demontiert ist. Auch die Kesselverschalung ist bereits abgebaut und gibt den Blick auf die beiden freigelegten Dampfdome frei. In den Radkastenanbauten befanden sich Kapitänskajüte, Küche, Toiletten und die Schiffskasse.

Der Salon I. Klasse des badischen Schiffes „Stadt Meersburg“ wurde wie der der „Hohentwiel“ von den Stuttgarter Hofmöbelfabriken W. Brauer angefertigt. Auch dieser Raum präsentiert sich in typischem Jugendstil.

Rechts: Die ventilgesteuerte Zweizylinder-Heißdampfanlage des Dampfschiffes „Bavaria“, erbaut von J. A. Maffei, München.

Das österreichische Dampfschiff „Kaiser Franz Josef I." beim Anlegemanöver in Meersburg im Hochwasserjahr 1910.

Dieser Schiffstyp mit seinem zur Hälfte in den hinteren Rumpfteil eingebauten Salon, aus dieser Konstruktionseigenheit resultiert der Begriff Halbsalondampfer, bot bei absolut vergleichbarem Komfort in der Manövrierbarkeit bei stärkerem Wind wesentlich günstigere Voraussetzungen als das Decksalonschiff.

So entwickelte sich der Halbsalondampfer gewissermaßen als Spezialtyp der Bodenseeschiffahrt. Nach der „Kaiser Wilhelm" wurde im 19. Jahrhundert lediglich noch die württembergische „Christoph" als Decksalonschiff abgeliefert, die sich während dieses Konferenzbeschlusses bereits im Bau befand.

Die Serie der Halbsalonschiffe begann 1877 mit der badischen „Greif" und endete 1913 mit der württembergischen „Hohentwiel". Auf keinem anderen europäischen Binnensee waren die Halbsalondampfer zu einer solchen Vollkommenheit entwickelt worden wie auf dem Bodensee, was auch das Beispiel „Hohentwiel" auf eindrucksvolle Weise zeigt.

Im Jahre 1910 wagten die k.u.k. Österreichischen Staatsbahnen mit der „Stadt Bregenz" dennoch das Experiment, einen großen Decksalondampfer in Dienst zu stellen. Ungeachtet der bereits erwähnten Nachteile dieser Bauart auf dem Bodensee, hat sich dieses Schiff bis zu seiner Stillegung im Jahre 1965 im großen und ganzen gut bewährt.

Der letzte und einzige im 20. Jahrhundert gebaute deutsche Decksalondampfer „Stadt Überlingen", der erst 1929 als eine Art „Nachzügler" vom Stapel lief, mußte ebenso wie die „Stadt Bregenz" in seiner Konstruktion den besonderen See- und Hafenverhältnissen angeglichen werden.

Die Einschränkungen im Bau von Großfahrgastschiffen konnten erst endgültig aufgehoben werden, als Dieselmotor und Voith-Schneider-Propeller längst ihren Siegeszug angetreten hatten.

Die „Bavaria" (II) in voller Fahrt auf dem Obersee. Ein besonderes Merkmal dieses Schiffes war der massige, bis etwa 1925 ockergelb gestrichene Schornstein.

Rechts: Am 22. September 1910 lief der erste Doppel-Salondampfer, „Stadt Bregenz", zu seiner Jungfernfahrt aus. Er blieb bis 1929 das größte Personenschiff der Bodenseeflotte.

Der bayerische Dampfer „Lindau". Auf eine Anregung des Jugendstilarchitekten Freiherr von Berlepsch-Valendas, einem Freund Pankoks, erhielt die „Lindau" als erstes Bodenseeschiff einen kompletten weißen Farbanstrich.

Links: Der letzte, mit Abstand größte und leistungsstärkste Bodenseedampfer, die 1929 in Dienst gestellte „Stadt Überlingen", in den ersten Betriebsjahren vor Langenargen.

Mai 1911: Die Generaldirektion der Königlich Württembergischen Staatseisenbahnen beschließt den Bau eines neuen Dampfschiffes

Der Bau der „Hohentwiel“

Im Jahre 1911 setzte sich die württembergische Bodenseeflotte aus den Salon- bzw. Halbsalonschiffen „Christoph“ (1877), „Koenig Karl“ (1890), „Koenigin Charlotte“ (1893), „Koenig Wilhelm“ (1901), „Württemberg“ (1903), „Friedrichshafen“ (1909) und dem Glattdeckdampfer „Eberhard“ (1870) zusammen. Hinzu kamen die Dampfbarkasse „Buchhorn“ (1891), zwei Trajektkähne und die Güterschleppboote „Welfe“ und „Schwabe“.

Als älteste Einheit konnte der Glattdeckdampfer „Eberhard“ in der Hauptreisezeit nur noch auf schwächer frequentierten Zwischenkursen eingesetzt werden. Mit insgesamt 4274662 beförderten Passagieren erreichten im Jahre 1911 alle am Bodenseeverkehr beteiligten Verwaltungen einschließlich der Dampfboot-Gesellschaft auf dem Untersee- und Rhein einen absoluten Frequenzrekord. Rund drei Millionen Passagiere entfielen auf die Länderbahnverwaltungen von Baden, Württemberg und Bayern. Einen maßgeblichen Anteil konnte dabei die württembergische Flotte verbuchen, denn die spektakulären Aufstiege und Landungen von Graf Zeppelins Luftschiffen lockten Schaulustige aus allen Teilen des deutschen Kaiserreichs und der angrenzenden Staaten an den Bodensee.

Bereits am 3. Mai 1911 hatte die Direktion der Königlich Württembergischen Staatseisenbahnen einem weiteren Neubau des Typs „Friedrichshafen“ zugestimmt. Das Fassungsvermögen des Schiffes sollte mindestens wieder 600 Personen betragen. Als Höchstgeschwindigkeit waren 28 Stundenkilometer vorgesehen.

Aus dieser Ausschreibung geht eindeutig hervor, daß der schwerpunktmäßige Einsatz des neuen Dampfers auf der Obersee-Längsroute vorgesehen war. Wie die 1909 in Dienst gestellte „Friedrichshafen“ wurde auch dieser Neubau wieder an Escher Wyss & Cie in Zürich vergeben.

Von vorneherein wurde auch beschlossen, dem neuen Schiff den Namen „Hohentwiel“ zu geben. Denn der mächtige, 689 Meter aufragende Basaltkegel des Hohentwiel nahe der Stadt Singen im Hegau war seit 1538 württembergisches Besitztum und blieb es bis zur baden-württembergischen Gebietsreform im Jahre 1969.

Im Herbst 1911 wurde bei Escher Wyss in Zürich mit der Vormontage begonnen. Auch die Innenräume sollten weitgehend dem Vorbild von Bernhard Pankoks Ausstattung auf der „Friedrichshafen“ entsprechen. Die Stuttgarter Versuchs- und Lehranstalt für das Kunstgewerbe versäumte es aber nicht, noch weitere gestalterische Erfahrungswerte von anderen Schiffen zu übernehmen.

Am 8. Februar 1912 traf eine Kommission aus Stuttgart unter der Leitung der Professoren Paul Haustein, Paul Heider und Rudolf Rochga in Friedrichshafen ein. Ein glücklicher Zufall wollte es, daß sich an diesem Tag die modernsten Dampfschiffe der badischen, bayerischen und schweizerischen Bodenseeflotte, die „Stadt Meersburg“,

Oben: Die aus Marinebronze gegossenen Radkastenwappen der Schiffe „Friedrichshafen“ und „Hohentwiel“ zählten zu den bemerkenswertesten Schöpfungen Bernhard Pankoks.

König Wilhelm II. von Württemberg blieb zeitlebens eng mit der Bodenseeflotte in Friedrichshafen verbunden.

Die „Friedrichshafen“, das Schwesterschiff der „Hohentwiel“. Sie brannte am 28. April 1944 während eines Fliegerangriffs auf die Stadt Friedrichshafen vollständig aus.

Escher Wyss-Werksmodell des letzten und größten württembergischen Halbsalondampfers „Hohentwiel" aus dem Jahre 1911.

Nach Berg und Festung Hohentwiel nahe der Stadt Singen im Hegau erhielt der letzte württembergische Bodenseedampfer seinen Namen. Nach einem Gemälde von Gustav Schönleber aus dem Jahre 1899.

Linke Seite unten: Porträt des bekannten Jugendstilarchitekten Bernhard Pankok, der zusammen mit Paul Haustein und Rudolf Rochga die Inneneinrichtung der Dampfschiffe „Friedrichshafen" und „Hohentwiel" gestaltete.

Die alte Schiffswerft von Friedrichshafen zur Zeit des Baus der „Hohentwiel". Auf dem Stapelschlitten eines der neueren Dampfschiffe. An der Werftpier der kleine Schraubendampfer „Buchhorn" und neben der Trajektbrücke das Güterschleppboot „Schwabe".

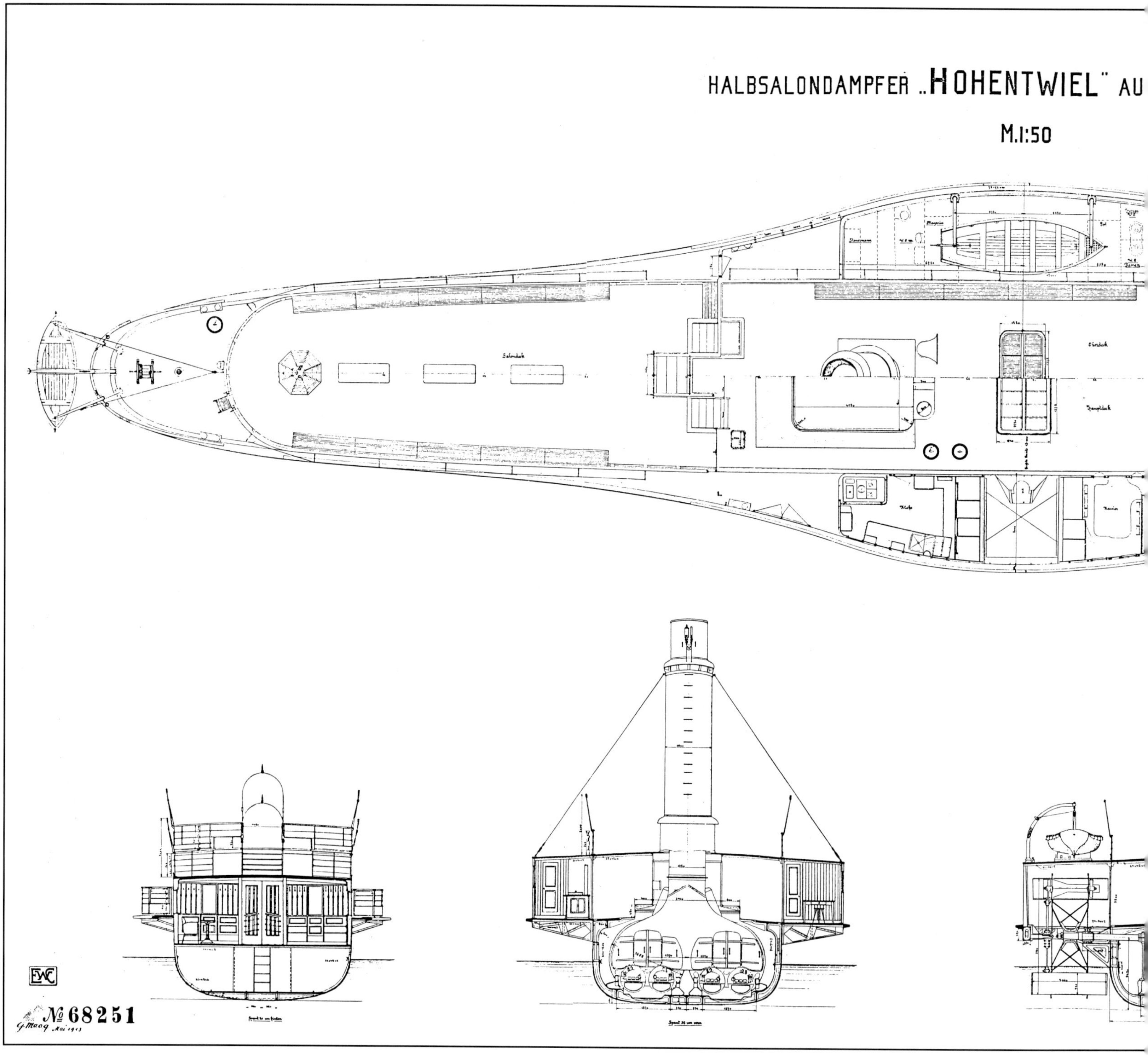

HALBSALONDAMPFER „HOHENTWIEL" AU
M.1:50
EWC
№ 68251

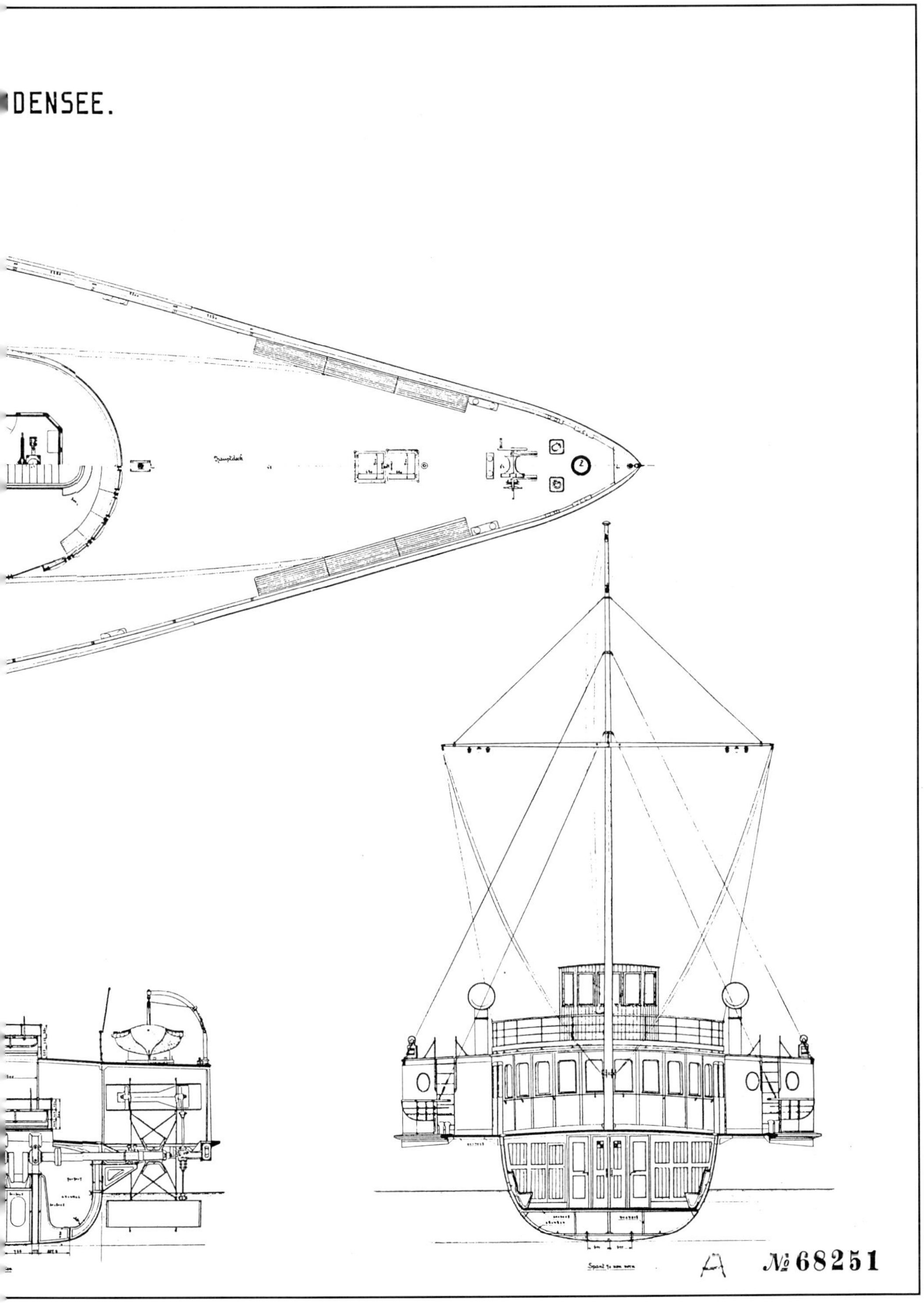

Dampfschiff „Hohentwiel"

Technische Daten

Schiffstyp:	*Halbsalondampfer*
Erbauer:	*Escher Wyss & Cie., Zürich 1913*
Auftraggeber:	*Königlich Württembergische Bodensee-Dampfschiffahrt*
Heimathafen:	*Friedrichshafen*
Länge über alles:	*56,85 m*
Länge über CWL:	*53,50 m*
Breite über alles:	*13,00 m*
Breite über Hauptspant:	*6,50 m*
Tiefgang leer:	*1,278 m*
Tiefgang beladen:	*1,462 m*
Seitenhöhe:	*2,75 m*
Wasserverdrängung leer:	*265,0 t*
zulässige Personenzahl:	*700*
Geschwindigkeit max.:	*31 km/h*
Höchstzulässige Indizierte Maximalleistung:	*950 PS bei 62 U/min*
Besatzung:	*8 Mann*

die „Lindau“ und die „Rhein“, im Kurseinsatz befanden. Die wegen der Zuganschlüsse aus und in Richtung Ulm damals noch reichlichen Zwischenaufenthalte konnten nun zu einer eingehenden Besichtigung der Innenräume genutzt werden. Die in zurückhaltend kühlen Farben gestalteten Salons der Schiffe „Lindau“ und „Rhein“ mochten dabei weniger Anklang gefunden haben als die behaglichere Wohnzimmer-Atmosphäre auf der badischen „Stadt Meersburg“. Auch die beiden neuesten badischen Schiffe „Stadt Konstanz“ (1901) und „Stadt Meersburg“ (1902) waren von der Stuttgarter Hofmöbelfabrik W. Brauer eingerichtet worden. Die Bestuhlung entsprach zwar nicht dem strengeren und seit 1890 traditionellen württembergischen Schema, aber die Jugendstil-Säulen und -Kapitelle waren weitgehend identisch mit den beiden badischen Schiffen.

Mitte März trafen aus Zürich die ersten Kielplatten und Spanten ein. Im April hatte der Schiffsrumpf schon deutliche Formen angenommen. Am 21. August säumten zahlreiche schaulustige Passanten das Werftgelände. Im Beisein des Königlich Württembergischen Bauinspektors Hermann Dauner und den beiden leitenden Ingenieuren von Escher Wyss, Rudolf Schätti und Franz Kretzschmar, glitt der fertiggestellte Rumpf ins nasse Element. Der kleine Schraubendampfer „Buchhorn“ nahm den noch unvollendeten „großen Bruder“ an den Haken und bugsierte ihn an die Anlegepfähle des Werftkais.

Einen Tag später schleppte die „Buchhorn“ die „Hohentwiel“ zum Einbau der Kessel- und Maschinenanlage quer über den Bodensee. Denn Romanshorn am gegenüberliegenden Schweizer Ufer war damals der einzige Hafen mit einer leistungsfähigen Krananlage.

Im September 1912 war die charakteristische äußere Silhouette weitgehend fertiggestellt. Nun konnte über die Wintermonate mit der Inneneinrichtung begonnen werden. In den ersten Februartagen des Jahres 1913 fanden unter der Aufsicht von Schiffahrts-Inspektor Rollmann, Werkmeister Nolte und den Ingenieuren Schätti und Kretzschmar die ersten Standprobeläufe der Maschinenanlage statt. Am 6. Februar machte die „Hohentwiel“ aus eigener Kraft die Leinen los zur ersten Werkstätten-Probefahrt.

Es folgten eine ganze Reihe weiterer Probefahrten, die alle zur vollen Zufriedenheit der Auftraggeber und Erbauer ausfielen. Bei nur 50 Prozent Füllung im Hochdruckzylinder wurde eine konstante Geschwindigkeit von 29,1 Stundenkilometern erreicht. Das entsprach zwar noch nicht ganz den 30,3 Stundenkilometern der im August des Vorjahres in Dienst gestellten „Bavaria“ aus Lindau, doch war die vertraglich vereinbarte Höchstgeschwindigkeit um anderthalb Kilometer überboten worden.

Am 21. April 1913 fand die offizielle Abnahmefahrt durch die Honoratioren der Königlich Württembergischen Staatseisenbahnen, der Dampfschiffahrts-Inspektion Friedrichshafen und der Erbauerfirma Escher Wyss statt.

Der Repräsentationsplatz am hinteren Ende des achteren Salons. Die Deckenkuppel mit integrierter Lampe war durch ein Rohr mit dem darüberliegenden Reservekompaß verbunden und diente gleichzeitig als dessen Beleuchtung. Durch das mittlere Heckfenster ist der Salondampfer „Christoph“ zu erkennen.

Über dieses Ereignis berichtet der „Württembergische Staatsanzeiger" am 22. April 1913:

„Am gestrigen Montag fand nach eingehender Prüfung und einer ausgedehnten Probefahrt die offizielle Übernahme des neuen württembergischen Bodenseedampfers ‚Hohentwiel' statt.

Das neue Schiff wurde wie die 1909 erbaute ‚Friedrichshafen' als Halbsalonboot, d. h. mit halbversenktem Salon und nach vorne glatt durchlaufendem Hauptdeck von Escher Wyss & Cie in Zürich erbaut. Raumaufteilung und Gestaltung gleichen der ‚Friedrichshafen'. Die großen, von Professor Bernhard Pankok entworfenen und von Pelargus in Erz gegossenen Radkastenverzierungen, die markante Schornsteinform und der schwarzweiße Anstrich wurden ebenso beibehalten wie die rotgeränderten Fenster und Bullaugen.

Die ‚Hohentwiel' fiel etwas größer aus als das Schwesternschiff. Bei einer Zuladung von 600 Personen, was einer Nutzlast von 45 Tonnen entspricht, verdrängt das Schiff 310,0 t.

Der Schiffsrumpf wurde in sieben wasserdichte Abteilungen unterteilt. Dadurch bleibt der Dampfer auch nach einem Wassereinbruch in einem Raum noch schwimmfähig. Die Sicherheitseinrichtungen werden durch maschinell betriebene Pumpen, Handlenzpumpen, zwei große Rettungsboote auf den Radkästen und ein kleineres Boot auf dem Achterdeck vervollständigt.

Die Zahl der Rettungsringe und Schwimmwesten wurde erstmals so bemessen, daß alle 600 Passagiere einschließlich der Besatzung und des Wirtschaftspersonals damit ausgestattet werden können. Es ist auch vorgesehen, alle württembergischen Schiffe auf diesen Sicherheitsstandard nachzurüsten.

(Nach der ‚Titanic'-Katastrophe im April 1912 wurde weltweit vorgeschrieben, alle Schiffe mit ausreichenden, der Passagierzahl entsprechenden Rettungsmitteln auszustatten. Diese Anordnung wurde nur ein Jahr später selbst auf dem Bodensee berücksichtigt!).

Die Inneneinrichtung der Kajüte II. Classe ist mit der ‚Friedrichshafen' identisch. Die Seitenwände sind mit hellen Hölzern ausgetäfelt, die Decke weiß lackiert und in der Längsrichtung befinden sich Lattenbänke aus naturpoliertem Eschenholz. Der ganze Raum hinterläßt somit einen hellen und freundlichen Eindruck. Die Räumlichkeiten für die I. Classe wurden wiederum von den Vereinigten Königlichen Hofmöbelfabriken Brauer & Wirth in Stuttgart unter Mitwirkung der Professoren Haustein, Rochga und Heider angefertigt. Durch einfache Formen und harmonisch abgetönte Farben wird eine ruhige und vornehme Wirkung erzielt. Der Hauptsalon wurde nach dem Entwurf von Professor Heider in poliertem Rüsterholz ausgeführt, die Sitzmöbel sind mit dunkelblaugrauem Samtplüsch überzogen und mit schmalen, gleichlaufenden Bändern abgenäht.

Für die Decke wurde eine weißgraue Farbe verwendet. Die Salonrückwand schmückt ein Ölgemälde von Professor Heider mit dem wuchtigen Basaltkegel der Festung Hohentwiel.

Die Damenkabine mit anschließendem Waschraum wurde von Professor Rochga entworfen und ganz in poliertem Ahornholz mit schmalen Amarantleisten und kleinen Handmalereien ausgestaltet.

Für die Möbel wurden grüngemusterte Bezüge verwendet. Von Professor Heider stammt auch die Gestaltung der gegenüberliegenden Rauchkabine auf der Steuerbordseite des Schiffes. Die hellgrau lackierten Wandtäfelungen und dunkelpolierten Nußbaummöbel strahlen anheimelnde Behaglichkeit aus. Alle Innenräume besitzen eine elektrische Beleuchtung. Dampfheizung und sanitäre Einrichtungen wurden von der Firma Reisser in Stuttgart geliefert.

Maschinen- und Kesselanlage arbeiten sehr sparsam. Die beiden Flammrohrkessel schottischer Bauart sind für 10 Atmosphären Überdruck ausgelegt und mit Überhitzerelementen Patent Schmidt ausgerüstet. Außerdem wurden zwei Rauchverzehrungs-Apparate der Bauart Markotty eingebaut. Der Maschinenraum ist durch Sprachrohre und elektrischer Signalklingel mit der Kommandobrücke verbunden. Als weitere Neuerung besitzt die ‚Hohentwiel' einen elektrischen Fernübertragungs-Umdrehungsanzeiger im Steuerhaus.

Während der einstündigen Schnellfahrt konnte eine Geschwindigkeit von 29,1 km/h mühelos gehalten werden. Auch die Steuerfähigkeit und die Stabilität des Schiffes entsprachen voll und ganz den gestellten Erwartungen. Die Gesamtkosten des neuen Dampfers liegen bei RM 340000...!"

Pünktlich mit dem Beginn des Sommerfahrplans, der am 1. Mai 1913 in Kraft trat, nahm die „Hohentwiel" ihren Dienst auf.

Von links nach rechts:
Kredenz und Gläserschrank im Salon.

Der von Professor Rudolf Rochga gestaltete Rauchersalon auf der Steuerbordseite des Schiffes. Mit dunkel gebeizter Eichentäfelung, hell polierter Eschenholzdecke und roter Lederpolsterung.

Blick in den Hauptsalon der „Friedrichshafen" von vorn nach achtern. Holfztäfer und Möbel sind aus poliertem, hellen Kirschbaum, die Sitzpolster aus braun gestreiftem Samt gefertigt.

Vorschiffs-Rotonde mit Sitzplätzen und Niedergang zur Kajüte II. Klasse.

Seeblatt

Tag- und Anzeigeblatt der Stadtgemeinde Friedrichshafen

Der Bau, die Probefahrten und offizielle Inbetriebnahme im Spiegel der lokalen Presse:

Friedrichshafen, 27. März. Zu dem Neubau des den Ersatz für das alte Dampfboot „Eberhard" bildenden Dampfboots mit dem Namen „Hohentwiel" ist bereits ziemlich viel Material von der Baufirma, der Maschinenfabrik Escher Wyß & Cie. in Zürich, hier eingetroffen. Ein Ingenieur der Firma leitet den Schiffsbau, der auf der hiesigen Schiffswerft ausgeführt wird.

27.3.1912

Stapellauf. Der neue Dampfer „Hohentwiel" wurde heute vormittag 8 Uhr von Stapel gelassen und im hinteren Hafen untergebracht. Daselbst werden die noch notwendigen Arbeiten, hauptsächlich die innere Ausstattung, sowie das Aufstellen des Mastbaumes und Kamins, ausgeführt werden. Das Schiff macht soweit sich bis jetzt beurteilen läßt, einen recht gefälligen Eindruck und bildet ohne Zweifel eine Zierde unserer württembergischen Bodensee-Flottille. Der Typ ähnelt genau dem des zuletzt erbauten Dampfers „Friedrichshafen".

11.1.1913

Der neue Dampfer „Hohentwiel" unternimmt heute nachm. 2 Uhr seine erste Probefahrt, die unter Führung zweier Ingenieure der Firma Escher u. Wyß stattfindet. Der Dampfer ist im Rohbau fertig, während an der Innenausstattung noch gearbeitet wird.

6.2.1913

Aus Stadt und Land.

Friedrichshafen, den 7. Februar 1913.

Neuer Dampfer. Die gestern Nachmittag stattgefundene erste Versuchsfahrt des Dampfers „Hohentwiel", welche von der Firma Escher u. Wyß aus erfolgte, befriedigte sehr. Die Fahrt wurde auf 2 Stunden ausgedehnt und diente hauptsächlich zur Erprobung der Maschinen und der Steuerung. Das hierbei erzielte Resultat war recht günstig.

7.2.1913

Neuer Dampfer. Der neue württemberg. Halbsalondampfer „Hohentwiel" ist nun auch in seiner inneren Ausstattung fix und fertig. Heute vormittag wurde damit begonnen, das Schiff von Stapel zu lassen; während des Ablassens entstand jedoch eine Störung in der Aufzugsvorrichtung, sodaß das Schiff erst heute Mittag vollends ins Wasser gebracht werden kann. Das Schiff wurde bekanntlich von der Firma Escher, Wyß u. Cie. in Zürich erbaut. Die Innenausführung war der Firma Brauer u. Wirth, vereinigte Möbelfabriken in Stuttgart übertragen. Der Dampfer hat eine Länge von 54,5 Meter, eine Breite von 6,5 Meter, eine Höhe von 2,75 Meter, einen Tiefgang im dienstfertigen Zustande von 1,30 Meter, mit 45 Tonnen oder 600 Personen beladen von 1,45 Meter. Die Schiffsmaschine ist eine 2zylindrige Verbundmaschine mit Ventilsteuerung für überhitzten Dampf. Sie entwickelt 700 Pferdestärken bei 28 Kilometer Stundengeschwindigkeit. Ihre Maximalleistung anläßlich der Probefahrten bei 50 % Füllung betrug 29½ Kilometer. Das Schiff ist zur vollsten Zufriedenheit der württembergischen Generaldirektion der Staatseisenbahnen ausgefallen. Die innere Einrichtung entspricht dem württembergischen Dampfertyp, vor allem dem zuletzt erbauten „Friedrichshafen" und macht einen vornehmen, gediegenen Eindruck. Das neue Halbsalonboot macht demnächst seine offiziellen Abnahmefahrten und kommt auf 1. Mai in Betrieb.

14.4.1913

Abnahmefahrt. Der neue Dampfer „Hohentwiel" hat heute mittag ½2 Uhr seine offizielle Abnahmefahrt angetreten, an der u. a. der Vorstand der württ. Generaldirektion, Präsident v. Stieler, ferner Oberbaurat Kittel, die Erbauer des Schiffes und die Vorstände der hiesigen Verkehrsanstalten teilnehmen. Das Schiff zeigt in seinem Aeußern eine vornehme Bauart, die der des Schwesterschiffes „Friedrichshafen" entspricht: auch die innere Ausstattung hat eine große Aehnlichkeit mit diesem Schiffe, nur ist bei dem „Hohentwiel" auf die Einrichtung des Salons mehr Luxus verwendet und dem jetzigen Geschmack in der Innendekoration entsprechend Rechnung getragen worden. Zum ersten Male ist hier ...ich Bilderschmuck angebracht worden: die Rückseite des Salons ziert ein Gemälde der Feste Hohentwiel, nach der das Schiff bekanntlich seinen Namen führt. Hierin ist anscheinend der bayerische Dampfer „Lindau" bahnbrechend vorangegangen. Vielleicht folgt man an zuständiger Stelle auch in anderer Beziehung noch dem Beispiele Bayerns, indem man in Zukunft auch hier der Presse Gelegenheit gibt, das Schiff besichtigen bezw. einer Abnahmefahrt beiwohnen zu können.

21.4.1913

Ⓦ **Dampfschiffahrt.** Der neue Halbsalondampfer „Hohentwiel" ist auf Grund der gestrigen offiziellen Abnahmefahrt nunmehr in den Besitz der württembergischen Staatseisenbahnen übergegangen. Bei der vierstündigen Rundfahrt auf dem See wurde die Betriebssicherheit des Schiffes wiederholt ausprobiert: ein großes Augenmerk richtete die Abnahmekommission namentlich auf die an Bord befindlichen Gerätschaften für den Rettungsdienst, und es wurden während der Fahrt auch Uebungen in dem Ablassen der Rettungsboote ꝛc. angestellt. Für die Sicherheit der Reisenden sind bei diesem Schiffe speziell sehr große Vorkehrungen getroffen worden. Die Zahl der Rettungsringe ist wesentlich vermehrt worden: außerdem sind noch eine große Anzahl Schwimmwesten, die an Deck des Schiffes in Bänken untergebracht und jedermann leicht zugänglich sind, vorhanden. Die Kosten des Schiffes stellen sich auf rund 340 000 Mark. Der „Hohentwiel" wird künftig auch für die Fahrten des Königlichen Hofes verwendet werden, bisher ist bekanntlich der Dampfer „Königin Charlotte" hierzu benützt worden. Die Innenausstattung des neuen Schiffes wurde von der Möbelfabrik Brauer u. Wirth in Stuttgart ausgeführt und zwar nach Plänen von Professor Haustein (Hauptsalon), Prof. Heider (Rauchsalon) und Prof. Rochga (Damensalon).

22.4.1913

Dampfschiffahrt. Ueber den Dampfer „Hohentwiel" teilt der „Staats-Anzeiger" noch folgende Einzelheiten mit: Das neue Schiff ist, wie sein Schwesterschiff „Friedrichshafen", das 1909 vom Stapel lief, als Halbsalonboot, d. h. mit halbversenktem Salon und vorne glatt durchlaufendem Hauptdeck, von Escher Wyß u. Co. in Zürich gebaut und gleicht jenem in der inneren Raumeinteilung wie auch in der äußeren Gestaltung. Auch die besonderen Merkmale der „Friedrichshafen", die das Schiff schon aus der Ferne kenntlich machen, die großen, von Prof. Pankok entworfenen und von Pelargus in Erz gegossenen Radkastenverzierungen, die eigenartige Schornsteinform, der weiße, durch wenig schwarze Linien unterbrochene Anstrich der Aufbauten und die mattschwarze Bemalung des Schiffskörpers mit den rotgeränderten Rundfenstern sind beibehalten. Der „Hohentwiel" ist um einen halben Meter länger als die „Friedrichshafen", mißt somit zwischen den Loten 53,5 m; dadurch war es möglich, die Salonräume etwas zu vergrößern. Die Breite im Hauptspant beträgt 6,5 m und über den Radkasten gemessen 13,0 m. In beladenem Zustand, mit 600 Personen oder 45 Tonnen Decklast an Bord, hat das Schiff einen Tiefgang von 1,45 m und eine Wasserverdrängung von 310 Kubikmetern. Durch Querschotte, die bis zum Hauptdeck emporgeführt sind, ist der Schiffskörper in 7 wasserdichte Abteilungen derart zerlegt, daß auch beim Vollaufen eines Raumes das Schiff noch schwimmfähig bleibt. Einige Maschinen- und Handpumpen, 3 Rettungsboote, Rettungsgürtel und mehrere auf Salon-, Haupt- und Oberdeck verteilte Kisten mit Schwimmwesten vervollständigen die Sicherheitseinrichtungen. Zahl der Gürtel und Westen ist erstmals so bemessen, daß sie für die größte zugelassene Personenzahl samt der Besatzung vollständig ausreichen; und es mag nicht unerwähnt bleiben, daß demnächst auch die Rettungsmittel der übrigen württ. Schiffe auf diesen Stand gebracht werden sollen. Die Salonräume im Hinterschiff sind wieder von der Firma Brauer u. Wirth, Vereinigte Hofmöbelfabriken in Stuttgart, unter künstlerischer Mitwirkung der Professoren der K. Lehr- und Versuchswerkstätten in einfacher, aber gediegener Weise ausgestattet worden. Einfachere Formen und harmonisch abgetönte Farben bringen eine vornehm ruhige Wirkung hervor, die durch die großen breiten Fenster, sowie den Bodenbelag aus graubraunem Korklinoleum noch erhöht wird. Der Salon ist nach dem Entwurf des Prof. Haustein in schlichtem poliertem Rüsternholz ausgeführt, die Möbel haben dunkelblaugraue Plüschbezüge, die mit schmalen gleichlaufenden Bändern in grüner Farbe abgenäht sind: die Decke ist weißgrau gestrichen. Einfache Zierleisten und Zierfüllungen aus gemasertem Rüsternholz beleben die Wandflächen. Die dem Eingang gegenüber liegende Saalrückwand trägt ein Oelgemälde von Hans v. Heider, das die mächtige Bergkuppe darstellt, nach der das Schiff benannt ist. Die Damenkabine samt Waschraum, von Prof. Rochga entworfen, ist ganz in poliertem Ahornholz mit schmalen Amarantleisten und kleinen Handmalereien in den Füllungen ausgeführt und hat Möbel mit grün bemusterten Bezügen. Die Ausstattung des gegenüberliegenden Rauchzimmers, das infolge der erwähnten Verlängerung des Schiffs etwas geräumiger als sonst üblich gestaltet werden konnte, stammt von Prof. v. Heider, der hier bei Aufwendung einfachster Mittel durch die harmonische Farbenwirkung der hellgrau lackierten Wandvertäferung und der grau- und grüngemusterten Möbelbezüge und durch bequeme Formung der dunkelpolierten Nußbaummöbel einen sehr behaglichen Raum geschaffen hat. Alle Schiffsräume haben Dampfheizung und elektrische Beleuchtung, letztere ist von der Firma Reißer in Stuttgart eingerichtet worden. Die Maschinen- und Kesselanlage ist nach modernen Grundsätzen für hochüberhitzten Dampf gebaut und arbeitet, wie die Probefahrten erwiesen haben, sehr sparsam. Die Leistung der schrägliegenden zweizylindrigen Verbundmaschine, deren Hochdruckzylinder Ventilsteuerung besitzt, beträgt bei der mittleren Betriebsgeschwindigkeit von 26 km in der Stunde etwa 660 Pferdestärken, kann aber bei forzierter Fahrt **leicht auf 950 gesteigert werden. — Die Bauleitung hatten seitens der Lieferer die Oberingenieure Schätti und Kretzschmar, die Bauaufsicht unter Leitung des Oberbaurats Kittel bei der Generaldirektion der Staatseisenbahnen die Bauinspektoren Dauner in Stuttgart und Kühner in Friedrichshafen.**

23.4.1913

Friedrichshafen, 9. Okt. Württemberg erhält einen neuen Bodenseedampfer, der den Namen „Hohen-Twiel" führen wird. Er erhält genau gleiche Konstruktion und Größenverhältnisse wie die neue „Friedrichshafen". Die Ausführung des Salondampfers ist bereits der Firma Escher und Wyß in Zürich übertragen, die im April 1912 mit der Montage auf hiesiger Werfte beginnen wird. Im Sommer 1913 kommt das neue Schiff in den Dienst. Es kostet ohne Saloneinrichtung 325 000 Mark.

9.10.1913

Die Innenausstattung der „Hohentwiel“ durch Bernhard Pankok

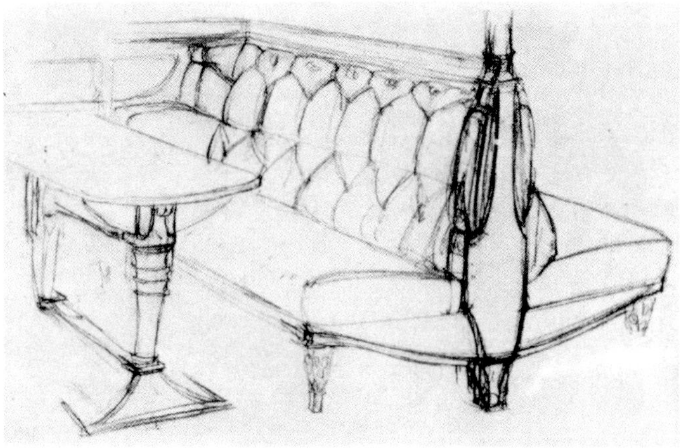

Entwurf für die Sitzecke Kajüte I. Klasse von Bernhard Pankok.

Darf – kann man Bernhard Pankok (1872–1946) als Architekten mit hervorragenden künstlerischen Fähigkeiten oder als Künstler mit Neigung zur Architektur bezeichnen? Die Einstufung fällt schwer angesichts der Tatsache, daß das Lebenswerk Pankoks eine beinahe unübersichtliche Breite und Fülle aufweist. Er beherrscht die zahlreichen Sparten künstlerischer Aussage bis zur Perfektion. Aus den biographischen Angaben läßt sich erahnen, welch ungeheure Schaffensphase, auf allen Gebieten der bildenden Kunst wie auch beim Aufbau der Vereinigten Werkstätten in München und der Kunstgewerbeschule Stuttgart, Pankok durchlebt hat.

Sein Lebenswerk mutet atemberaubend an. Es umfaßt neben der Porträt- und Landschaftsmalerei die Graphik mit all ihren Techniken, zahlreiche Opernausstattungen von höchster Qualität und als Hauptbeschäftigung kunstgewerbliche Arbeiten, vor allem Kreationen auf dem Gebiete der Innenarchitektur. Von hoher Bedeutung erwies sich seine Fähigkeit, sich zwischen ausgehendem Historismus und aufkeimendem Jugendstil zurechtzufinden. Daß er dabei nicht neubarocken und deutschnationalen Tendenzen huldigte, trug ihm nebst Lob auch herbe Kritik ein.

Kann es bei der Komplexität seines Schaffens verwundern, daß Pankok auch Bezüge zur Technik hatte? Diese äußern sich in der Ausstattung von Dampfschiffen und Zeppelinluftschiffen. Für die Luftschiffe schuf er grazile, optisch und materialmäßig leichte Möbel. Dies ergab sich zwangsläufig aus der Aufgabe zur Minimierung des Gewichts. Für die Schiffe dagegen baute er stabiles Mobiliar nach handwerklichen Grundsätzen.

Von der Generaldirektion der Württembergischen Staatsbahnen erhielt er im Herbst 1908 den Auftrag für die Ausstattung des Bodenseeschiffs „Friedrichshafen“, wobei er sich mit seinen Kollegen Paul Haustein und Rudolf Rochga in die Aufgabe zu teilen hatte. Pankok erhielt den Löwenanteil, nämlich den Hecksalon, den Mittschiffsbereich und die Wappenschilder auf den Radkästen. Im Sinne des damals neuen Werkbundgedankens schuf er eine Ausstattung, „bei der sich Ingenieurkonstruktion und modernes Kunstgewerbe zu schöner Einheit zusammengefunden haben.“ So drückte sich ein zeitgenössischer Berichterstatter aus.

In der Tat war es Pankok gelungen, für den Hecksalon ein Interieur zu schaffen, das auch 80 Jahre später durch seine klare, fast möchte man sagen hanseatische Großzügigkeit beeindruckt. Größte Sorgfalt ist den Details gewidmet. In zahlreichen, vom Architekten signierten Werkplänen sind sie festgelegt. Die Auswahl reicht von der Anrichte über die Leuchtkörper bis zu den Hinweisschildern und Kleiderhaken.

Bei der Restaurierung von 1986 bis 1990 stand von vorneherein fest, daß die Instandsetzung der „Hohentwiel“ nach denkmalpflegerischen Grundsätzen auf den ursprünglichen Zustand zu erfolgen habe. Dies deshalb, weil sie als „Technisches Denkmal“ eingestuft werden sollte. Aus diesem Grunde konnte dem Wunsch aus Architektenkreisen nach Ausschreibung eines öffentlichen Ideenwettbewerbs zur Gestaltung der Räume nicht stattgegeben werden.

Die Bestandesaufnahme indessen übertraf die ärgsten Befürchtungen! Mehrmalige Umbauten hatten die ursprüngliche Substanz des Dampfers weitestgehend vernichtet. Nebst der Schale und der Maschine fanden sich lediglich einige Kleinteile. Im Archiv der Erbauerfirma Escher-Wyss AG Zürich konnten zwei Generalpläne von 1913 im Maßstab 1:50 gefunden werden, die noch dem Ursprungszustand von 1913 entsprachen. Unterlagen oder Zeichnungen der gesamten maschinentechnischen Anlage waren nicht mehr vorhanden. Schwierig wurde es auch bei den Details der Ausstattung. Es scheint, daß die Planunterlagen der „Hohentwiel“ anläßlich eines Luftangriffs auf Friedrichshafen im Zweiten Weltkrieg verloren gingen. Auch die Staatliche Akademie der Bildenden Künste in Stuttgart besitzt keine Dokumente, die sich auf die Ausstattung der „Hohentwiel“ beziehen. Als Ersatz boten sich die Planunterlagen der „Friedrichshafen“ an. Das Württembergische Landesmuseum in Stuttgart verwahrt einen Teil des Pankok-Nachlasses. Und es kann als Glücksfall angesehen werden, daß sich darunter etwa zwei Dutzend Originalpläne des genannten Schiffs befinden.

Die Vorstandschaft des Vereins „Internationales Bodensee-Schiffahrtsmuseum“ entschied sich schließlich aus naheliegenden Gründen für die Ausführung gemäß den Belegen der „Friedrichshafen“. Dieses Vorgehen ist unter den gegebenen Umständen denkmalpflegerisch verantwortbar. Dank der vorzüglichen Leistungen einer Möbeltischlerfirma aus Innsbruck gelang die Wiederherstellung von Hecksalon und Raucherkabine bis ins Detail.

Die „Hohentwiel“ im Liniendienst von 1913 bis 1962

Die Hochstimmung nach der Indienststellung verflog rasch, und für die „Hohentwiel“ begann nun der Alltag auf dem Bodensee.

Dank seiner leistungsfähigen Maschinenanlage wurde das Schiff schwerpunktmäßig im Obersee-Längsverkehr auf Kursen mit besonders knappen Fahrzeiten eingesetzt. Ebenso wie das Schwesterschiff „Friedrichshafen“ erfreute sich auch die „Hohentwiel“ mit ihrer wohlproportionierten Silhouette und der gediegenen Innenausstattung einer hohen Publikumsgunst. Das inzwischen älteste württembergische Schiff, der Salondampfer „Christoph“, diente von nun an als Reserveeinheit und wurde nur noch zu Spitzenzeiten eingesetzt. Der lange Kurs, der frühmorgens gegen 5.20 Uhr nach Konstanz führte und von dort über die gesamte Distanz des Obersees bis nach Bregenz, wieder zurück nach Konstanz und gegen 20.00 Uhr schließlich heimwärts nach Friedrichshafen, blieb in der Regel den beiden komfortabelsten und leistungsstärksten „Württembergern“ „Friedrichshafen“ und „Hohentwiel“ vorbehalten.

Die Dampfschiffe der älteren Baureihen, die „Königsschiffe“ „Koenig Karl“, „Koenigin Charlotte“, „Koenig Wilhelm“ und die „Württemberg“, konnten von nun an verstärkt in die beiden Querverbindungen nach Rorschach und Romanshorn sowie in den abendlichen Spätkurs Friedrichshafen-Lindau einbezogen werden.

Der „Hohentwiel“ war keine lange Friedensepoche mehr vergönnt.

Nur bei wenigen repräsentativen Anlässen, wie am Geburtstag des Grafen Ferdinand von Zeppelin und einem Besuch des Königs von Sachsen bei Wilhelm II. von Württemberg, weilten in ihrem allerersten Lebensabschnitt gekrönte Häupter an Bord. Dann gingen am 1. August 1914 in Europa die Lichter aus. Mit dem Ausbruch des Ersten Weltkrieges veränderte sich nicht nur die politische Landschaft, sondern auf lange Sicht auch die traditionellen Verkehrsstrukturen bei der Bodenseeschiffahrt.

Den damals modernen und mit ökonomischen Heißdampfanlagen ausgerüsteten Dampfern „Friedrichshafen“ und „Hohentwiel“ hatte der Krieg vorläufig noch keine Zwangspause auferlegt. Über die gesamte Dauer des Krieges wurde von jeder Verwaltung noch mindestens ein Längskurs zwischen Konstanz und Bregenz befahren. Erst in den Wirren der Nachkriegszeit kam es zu Betriebsunterbrüchen. Vom 16. Oktober 1919 bis zum 14. April 1920 wurde zum ersten Mal der gesamte Schiffsverkehr zwischen Friedrichshafen und Bregenz eingestellt.

Mit Wirkung vom 1. April 1920 ging der Schiffsbestand der aufgelösten Länderbahndirektionen vollständig in den Besitz der Deutschen Reichsbahn über. An den verwaltungstechnischen Zuständigkeitsbereichen hatte sich jedoch nichts geändert. Die württembergischen Schiffe unterstanden von nun an der Reichsbahndirektion Stuttgart, die badischen und bayerischen den Direktionen Karlsruhe und Augsburg.

Trotz einer katastrophalen wirtschaftlichen Lage und der Inflation von 1923 normalisierte sich der Schiffsverkehr verhältnismäßig rasch. Schon im Jahre 1924 erreichten die Fahrgast-Frequenzen bei der deutschen Bodenseeschiffahrt wieder Millionenhöhe. In der zweiten Hälfte der 20er Jahre wurde mit der zunehmenden Mobilität der breiteren Bevölkerungsschichten eine neue Reiselust entdeckt. Das Zeitalter des Massentourismus war angebrochen.

Obwohl sich die von den früheren Länderbahn-Direktionen übernommenen Halbsalondampfer nach wie vor gut bewährten, wurde nun der Ruf nach mehr Komfort für die Passagiere II. Klasse immer lauter.

Schon im Jahre 1923 hatten sich die Reichsbahndirektionen Karlsruhe, Stuttgart und Augsburg darauf geeinigt, das Fassungsvermögen der größeren Personen-Dampfschiffe zu erhöhen. Um diese Zeit war bereits abzusehen, daß der Güterverkehr seine frühere Bedeutung nicht mehr zurückerlangen würde. Dieser einstmals so wichtige Betriebszweig verlagerte sich immer mehr auf gleichwertige Landverbindungen. Auf diese Weise konnte das lange, offene Vorschiff mit bequemen Sitzbänken ausgestattet werden. Ausnahmen gab es nur bei einigen Kursen mit Viehbeförderung, vor allem auf dem Überlinger See. Die zunehmende Inanspruchnahme der II. Klasse machte es möglich, das hintere „Salondeck“ auch für II.-Klasse-Passagiere zugänglich zu machen.

In der zweiten Hälfte der 20er Jahre dominierten zwar noch die Dampfschiffe, aber schon nach 1925 kamen die ersten Dieselmotorschiffe auf. Vorerst wurden nur mittelgroße und kleine Einheiten für den winterlichen Bedarfsverkehr auf dem Überlinger See und dem Untersee gebaut. Auch bei diesen Schiffen wie zum Beispiel der „Stadt Radolfzell“ (II), „Höri“ und „Mainau“ orientierte man sich noch am traditionellen Typ des Halbsalondampfers.

Nach dem ersten größeren Doppelschrauben-Motorschiff „Österreich“ aus dem Jahre 1928 stellte die Deutsche Reichsbahn im darauffolgenden Sommer ihre ersten Großbauten „Allgäu“ und „Stadt Überlingen“ in Dienst. Da mit dem Dieselantrieb auf Großfahrgastschiffen zunächst noch Erfahrungswerte gesammelt werden mußten, wurde die badische „Stadt Überlingen“ noch als Dampfschiff und nur die bayerische „Allgäu“ als Motorschiff gebaut.

Bis zu diesem Zeitpunkt war Friedrichshafen bei der Stationierung neuer Motorschiffe leer ausgegangen. Der württembergische Schiffsbestand blieb noch bis 1931 unverändert. Sofern keine längere Liegezeit durch Reparatur- und Überholungsarbeiten erforderlich war, standen die Schwesterschiffe „Friedrichshafen“ und „Hohentwiel“ im ganzjährigen Einsatz.

Im März 1931 war auf der Bodanwerft in Kreßbronn das neue 500-Personen-Motorschiff „Ravensburg“ vom Stapel gelaufen.

Zusammen mit den bauartgleichen, ebenfalls im Frühjahr 1931 in Dienst gestellten Lindauer Schwesterschiffen „Kempten“ und „Augsburg“ sollte von nun an die „Ravensburg“ schwerpunktmäßig den Längsverkehr im Win-

Diese inzwischen sehr bekannte Aufnahme der „Hohentwiel“ wurde zur Mitgliederwerbung des Vereins „Internationales Bodensee-Schiffahrts-museum“ verwendet. Sie entstand um 1925.

Unten: Die friedliche, erste Betriebszeit der „Hohentwiel“ dauerte nur 15 Monate, dann brach der Erste Weltkrieg aus. Von nun an prägte vielfach auch das Militär die Bordatmosphäre auf den Bodensee-Dampfschiffen. Am 17. August 1915 trafen Offiziere württembergischer Garnisonen mit der „Hohentwiel“ bei ihren badischen Kameraden des Regimentes 114 in Konstanz ein.

Linke Seite: Die „Hohentwiel“ in ihrem ersten Betriebsjahr 1913. Anlaßlich des 75. Geburtstages des Grafen Ferdinand von Zeppelin verläßt das festlich beflaggte Schiff Friedrichshafen. Im Großtopp die Flagge des Hauses Zeppelin.

Den damals ganzjährigen Einsatz der meisten Bodensee-Dampfschiffe dokumentiert diese um 1914 entstandene Aufnahme der „Hohentwiel“ beim Einlaufen in den Konstanzer Hafen. Die Bänke sind abgeräumt und die Sonnensegel entfernt, und der auffallend niedrige Wasserstand läßt auf eine Kursfahrt im Vorfrühling schließen. Der Hauptmast diente noch bis in die 50er Jahre hinein als Signalträger. Hier hat die „Hohentwiel“ eine Schnellzugs- und eine Personenzugs-Anschlußflagge gesetzt.

Rechte Seite: Der Blick vom Lindauer Leuchtturm aus eröffnet eine interessante Perspektive und zeigt eindrucksvoll den Originalzustand der „Hohentwiel“, hier beim Verholen an die „Dammzunge“ zu einem Zwischenaufenthalt. Im Hintergrund das Dampfschiff „St. Gallen“. Die Aufnahme entstand um das Jahr 1928.

LINDAUER HOF
HOHENTWIEL

terhalbjahr übernehmen. Wegen der winterlichen Tiefwasserstände wurde bei diesen Schiffen eine doppelte Halbsalonbauweise gewählt. Durch diese Anordnung lag das Hauptdeck rund einen Meter über der auf dem Bodensee allgemein üblichen Freibordhöhe. Ebenso wie die beiden anderen Schiffe hatte die „Ravensburg" noch eine weitere Besonderheit aufzuweisen.

Alle drei sogenannten „Winterschiffe" wurden erstmals durch Voith-Schneider-Propeller angetrieben. Mit diesem Antrieb kann selbst das größte Fahrgastschiff auf engstem Raum gewendet werden. Da der Voith-Schneider-Propeller Antrieb und Steuerung vereinigt, wird kein Ruderblatt mehr benötigt. Für den Bodensee mit seinen engbegrenzten Hafenanlagen brachte dies einen unschätzbaren Vorteil gegenüber den mit herkömmlichen Schrauben- oder Schaufelradantrieb ausgerüsteten Schiffen. Von diesem Zeitpunkt an werden alle großen deutschen und österreichischen Neubauten durch Voith-Schneider-Propeller angetrieben.

Bereits im Winterhalbjahr 1929/30 war das offene Vorschiff des bayerischen Dampfers „Lindau" durch einen geräumigen Salon für die II. Klasse überbaut worden. Ein Jahr später erhielt auch das in Romanshorn stationierte Dampfschiff „Rhein" neue Salonaufbauten. Nach diesem Beispiel wurde die „Hohentwiel" 1932/33 umgebaut.

Das Schiff verließ Ende Oktober 1932 seinen Heimathafen in Richtung Kreßbronn. Erst 58 Jahre später sollte die „Hohentwiel" wieder in ihrem Ursprungszustand Friedrichshafen anlaufen!

Da die damals einzige Halle der Bodanwerft durch den für die Schweizerischen Bundesbahnen bestimmten Neubau „Zürich" belegt war, wurden die Umbauarbeiten an der „Hohentwiel" auf dem im Wasser liegenden Schiff vorgenommen.

Die Vorschiffs-Rotonde mußte einem trapezförmigen, weit vorgezogenen Salonaufbau weichen. Über diesem Aufbau wurde ein verlängertes Oberdeck verlegt. Auch das Oberdeck erhielt noch einen kleinen Salonaufbau, der die neue Raucherkabine und die neu verlegten Treppenaufgänge umschloß. Das durch diese Umbaumaßnahme um ein Deck höher verlegte Steuerhaus und die über die gesamte Schiffsbreite reichende Kommandobrücke verlieh der „Hohentwiel" von nun an ein imposantes Aussehen.

Dabei hatte das Schiff aber die elegante Linienführung des Originalzustandes eingebüßt. Recht originell wirkte auf den wuchtigen Salonaufbauten das ursprüngliche, noch bis 1934 weiterverwendete kleine Steuerhaus.

Aus heutiger Sicht ging dieser Umbau größtenteils auf Kosten des künstlerisch vollendeten Halbsalons. Die kostbare Holztäfelung wurde entweder ganz entfernt oder durch einfache, weißlackierte Wandverkleidungen übernagelt. Die Salondecke wurde ebenfalls herausgenommen, so daß nun sämtliche Decksträger freilagen. Von den plüschgepolsterten Sitzmöbeln und kanellierten Säulen war nach Abschluß dieser Umbauarbeiten so gut wie nichts mehr übriggeblieben. Da der geräumige Hauptsalon nun als Fahrgastraum für die II. Klasse umgestaltet war, zog man einfache Holzstühle und Tische der einstigen Jugendstilpracht vor.

Blick ins Steuerhaus eines Bodenseedampfschiffes aus der damaligen Zeit.

Aus dem ehemaligen Rauchersalon entstand ein Gepäckraum, die elegante Damenkabine wurde in ein Getränkebuffet umgewandelt.

Diese Umbauarbeiten nahmen insgesamt fünfeinhalb Monate in Anspruch. Der komplette, weiße Neuanstrich wurde allerdings erst in Friedrichshafen aufgetragen. Nachdem die „Hohentwiel" Mitte Mai 1933 die Werft verlassen hatte, machte sich das Mehrgewicht der neuen Aufbauten deutlich bemerkbar. Der noch an die ursprüngliche Konstruktionswasserlinie angeglichene rote Wasserpaß schnitt im Bereich des Vorschiffes selbst bei unbeladenem Schiff unter. Erst nach dem Einbau von Ballast unterhalb des Hecksalons konnte achtern die Trimmlage ausgeglichen werden. Die „Hohentwiel" entsprach nun dem Zeitgeschmack der 30er Jahre, doch hatten sich die alten Stabilitätswerte derart verschlechtert, daß die zulässige Personenzahl wieder wie ursprünglich auf 600 Fahrgäste reduziert werden mußte.

In den beiden folgenden Jahren kam es daher öfter vor, daß trotz genügender Decks- und Innenraumplätze Fahrgäste zurückgewiesen werden mußten. Kein Kapitän wollte das Risiko auf sich nehmen, mehr als 600 Passagiere an Bord zu nehmen.

Deshalb wurden genau ein Jahr später beim Umbau des Schwesterschiffes „Friedrichshafen“ von Anfang an wulstförmige Satteltanks zur Stabilitätserhöhung an beiden Seiten des Vor- und Achterschiffes eingeplant. Dadurch vergrößerte sich die Schiffsbreite in Höhe der Wasserlinie auf zwei Drittel der Gesamtlänge um nahezu einen Meter. Der zwangsläufige Verlust der ursprünglichen Höchstgeschwindigkeit um rund zwei Stundenkilometer konnte dabei in Kauf genommen werden, da die normale Fahrplangeschwindigkeit zwischen 22 und 24 Stundenkilometern lag.

In den Wintermonaten 1934/35 wurden auf der Friedrichshafener Werft die Aufbauten der „Hohentwiel“ nach dem Vorbild der „Friedrichshafen“ abgeändert. Der bis dahin durch die Radkasten-Stirnseiten führende Einstieg wurde beseitigt, indem man die vorderen Radkastenhälften um je anderthalb Meter kürzte.

Somit waren die Innenräume in der vorderen Schiffshälfte wieder durch seitliche Schiebetüren zugänglich. Im Zuge dieser Arbeiten wurden auch die anderen Radkastenräume verändert sowie Küche und Toiletten modernisiert. Der Oberdecksaufbau wurde nach achtern durch zwei seitliche Windschutzwände verlängert.

Auch das alte Steuerhaus wurde durch ein größeres mit Funkraum und Kapitänskajüte ersetzt, und auf dem Salondeck wurde ein Gaffelmast errichtet. Alle diese Arbeiten,

Nr. 192 Konstanzer Zeitung Montag den 19. August 1929

Bodensee-Dampfschiffe im kritischen Urteil.

Ein Vergleich zwischen älterem und modernem Schiffbau.

Man schreibt uns:

Das neue Dampfschiff „Stadt Ueberlingen“, dessen Inneneinrichtung und Anstrich der Vollendung entgegengehen, macht zur Zeit im Werfthafen Maschinenprobeläufe und wird voraussichtlich auf Ende August in Dienst gestellt werden. Die äußere Form, wie auch die ganze Einrichtung, machen sehr guten Eindruck, eine Fahrt über den herrlichen Bodensee wird ein wirklicher Genuß sein, auch für die Reisenden des 2. Platzes, die bisher immer etwas stiefmütterlich behandelt worden waren.

Am Donnerstag mittag lag eine Sammlung der neuesten Schiffe im Hafen von Konstanz, das neue Motorschraubenschiff „Allgäu“, das letztes Jahr in Dienst gestellte österreichische Motorschraubenschiff „Oesterreich“, der württembergische Dampfer „Hohentwiel“ und das bayerische Dampfschiff „Bavaria“, dazu die Dieselmotorschiffe „Mainau“ und „Mettnau“; für Fachleute eine günstige Gelegenheit zu Vergleichen und zur Kritik! Nicht recht verständlich ist vor allem, warum die Neubauten so spät vergeben wurden, daß sie nicht mehr zur Sommerreisezeit in Betrieb kommen können und etwa 1½ Millionen Reichsmark fast ein Jahr lang brach liegen müssen. Der Neuanstrich der großen Schiffe wird in den Unbilden des Winters ebensowenig schöner wie die wertvollen Inneneinrichtungen und Maschinen. Jetzt schon urteilen die Fachleute über die Manövrierfähigkeit der Schraubenmotorschiffe und ihr Verhalten in Wind und Wellen weniger günstig, als über die Raddampfschiffe. Stabiler, ruhiger Gang und gutes Manöver hängen ab vom Tiefgang der Schiffe, der bei den flachen Ufern und Häfen des Bodensees immer sehr gering gehalten werden muß.

Je mehr im Wasser ist, umsomehr kann oben aufgebaut werden, lautet eine alte Schiffmannsregel. Aus dem Grunde ist man auch von dem Typ der Ganzsaalschiffe am Bodensee wieder abgekommen und hat seit bald 60 Jahren nur noch Schiffe mit versenktem Saal, sog. Halbsaalschiffe, gebaut. Es wird nun nicht recht verstanden, daß ein bewährter Typ aufgegeben und eine Neuerung eingeführt wird, die der Eigenart unserer Seeverhältnisse weniger entspricht. Die Reichsbahn rationalisiert und spart doch an allen Orten und hier werden nun sehr teure Schiffe gebaut, die mindestens ¾ des Jahres untätig herumliegen müssen und große Unterhaltungskosten verursachen werden. Betrachtet man einmal das fast unheimlich hohe Motorschiff „Allgäu“ u. sein Landungsmanöver, dann kann ich den Fachmann des Urteils nicht enthalten, daß hier die örtlichen Verhältnisse, Bedürfnisse und Erfahrungen nicht gewertet worden sind. Es soll nur einmal bei Wind und Wetter eines der schweren Rettungsboote aus der schwindelnden Höhe zu Wasser gebracht werden! Der Gesamtanblick dieses Schiffes wirkt ungemein wuchtig und massig; die „Oesterreich“ ist viel zierlicher dagegen, wenn auch die Inneneinrichtung nicht gar so prunkvoll sein mag. Sehr gefällig steht die „Stadt Ueberlingen“ im Wasser, ihre Einrichtungen sind durchweg zweckmäßig und elegant. Rettungsboote und -Einrichtungen müssen als durchaus zweckmäßig bezeichnet werden.

Bei all den neuen Schiffen wird das knapp gehaltene Personal ob der sehr reichlich gegebenen Platzgelegenheit wenig erbaut sein. Trotz aller Neuerungen und Verbesserungen wird der Bodenseeschiffmann die seemännisch guten und praktischen Schiffe „Bavaria“, Hohentwiel“ und „Stadt Meersburg“ im Dienstbetrieb den Prunkschiffen vorziehen. Auch vom rein kaufmännischen Standpunkte werden diese älteren Schiffe den Vorzug vor dem Bodenseeriesen verdienen.

Für die lange Winterszeit aber werden die neuen, zierlichen Dieselschiffe vom Typ „Mainau“ für unsere Verhältnisse wohl am zweckmäßigsten sein und der Gedanke nicht aufgegeben werden dürfe, daß zwei solche Schiffe zu je 500 Personen Tragfähigkeit für unsere Zwecke auch im Sommer billiger und wertvoller sind, als eines dieser neuen Großschiffe. Beim Abgang des alten „Baden“ und „Greif“ wird für Ersatzbauten äußere Wucht und innere Elleganz nicht mehr so allein maßgebend sein dürfen, wie dies bei den letzten Ersatzbauten der Fall war.

Ein schönes Bild war es aber doch, als am Donnerstag mittag der ganze Hafen von den neuesten Schiffen besetzt war, am Ufer die Fremden Kopf an Kopf standen, hoch in den Lüften ein Züricher Freiballon majestätisch, lautlos die Bahn des Windes zog, von einem Land- und einem Wasserflugzeug die Motoren knatterten, während die Motorboote Hunderte Badelustiger zum Ufer am Horn hinübertragen.

Vermißt wurden nur die schmucken Ruderboote, die früher der heimischen Jugend und den Fremden so willkommene und billige Gelegenheit zu körperstählender und nervenheilender Betätigung, in staubfreier, reiner, stärkender Seeluft gaben.

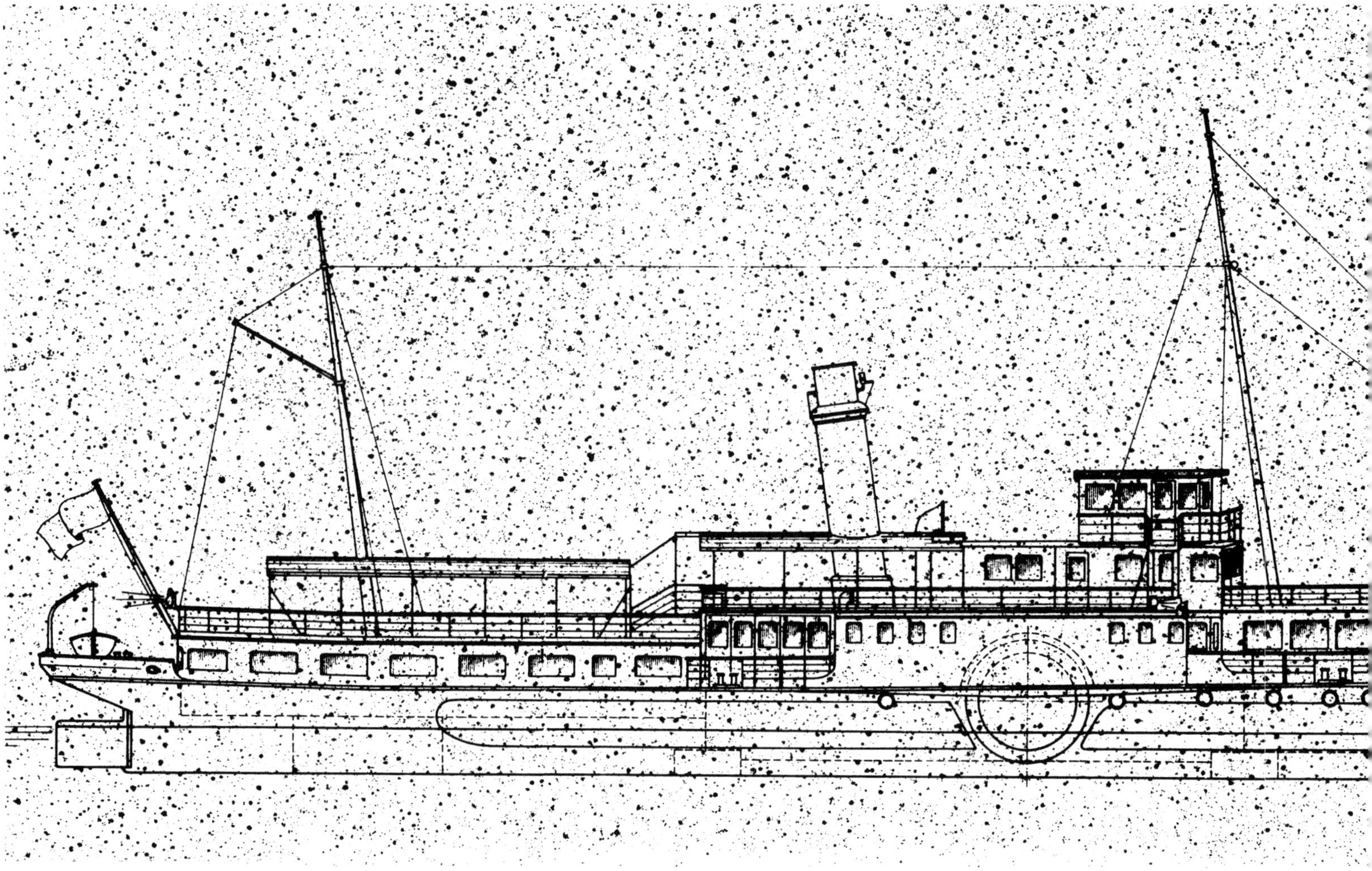

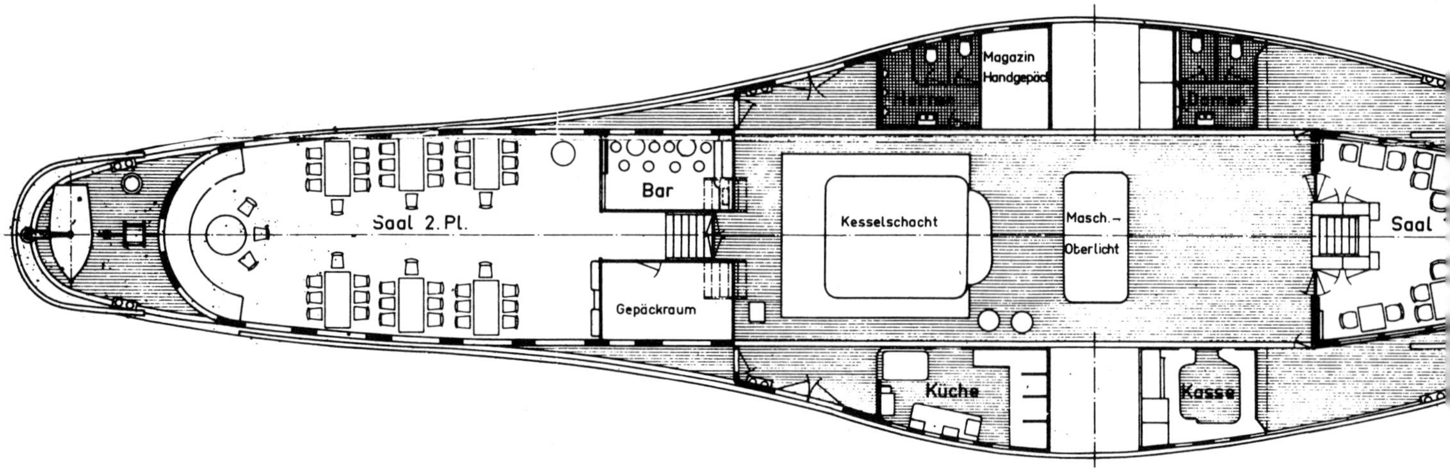
Magazin
Handgepäc
Damen
Bar
Saal 2. Pl.
Gepäckraum
Kesselschacht
Masch.-
Oberlicht
Saal
Küche
Kasse

Hauptdeck

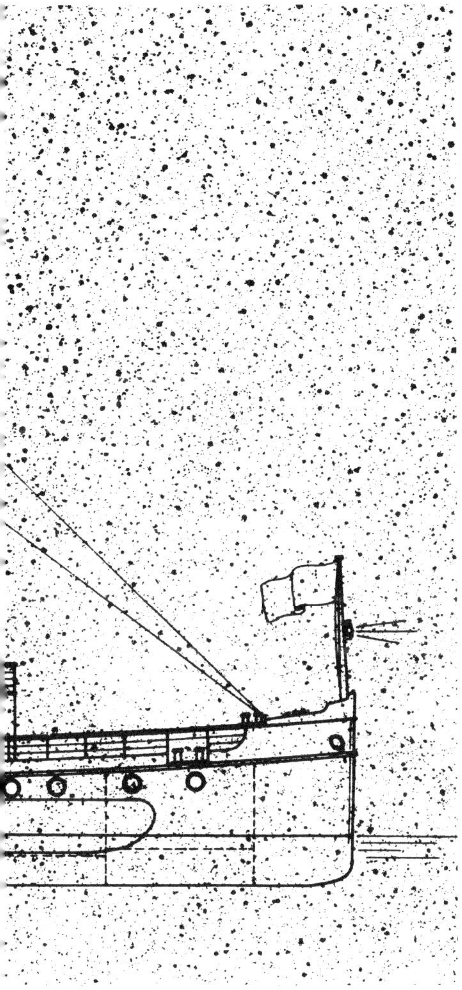

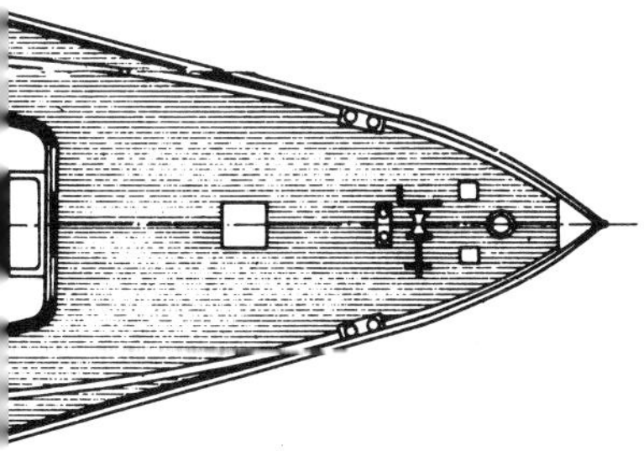

Noch bis 1960 war die „Hohentwiel" als unermüdlicher und unverwüstlicher „Schwerarbeiter" auf dem Obersee anzutreffen. Auf der Fahrt von Bregenz nach Konstanz verläßt das Schiff hier die Station Wasserburg.

Technische Daten nach dem Umbau von 1934/35:

Länge ü. a.:	56,85 m	Zugelassene Fahrgäste:	850
Länge in der CWL:	53,50 m	Maschinenart:	Schrägliegende 2-Zylinder-Heissdampf-Verbundmaschine (Escher-Wyss)
Breite ü. a.:	13,00 m		
Breite auf Hauptspant:	6,50 m		
Seitenhöhe:	2,75 m		
Tiefgang leer:	1,43 m	Leistung:	950 PSI
Tiefgang beladen:	–	Antrieb:	Schaufelräder 9 Eisenschaufeln
Verdrängung leer:	313,8 t		
Verdrängung beladen:	378,0 t	Höchstgeschwindigkeit:	31,0 km/h

„Hohentwiel“ und „Stadt Meersburg“ um das Jahr 1941 in Friedrichshafen. Seit 1936 führten alle deutschen Bodenseeschiffe die schwarz-weiß-roten Schornsteinfarben der Deutschen Reichsbahn.

Unten: Die „Hohentwiel“ im Kriegsjahr 1942 im Hafen von Bregenz. Die 1934/35 angebauten Stabilitätswulste, die Kürzung der Radkasten-Stirnseiten sowie die abgeänderten Oberdecksaufbauten und das größere Steuerhaus mit Funkraum und Kapitänskajüte kommen hier besonders gut zur Geltung. Der Krieg forderte seinen ersten Tribut durch die Entfernung der bronzenen Radkastenwappen. Dafür wurde am Vorschiffsteven ein hölzerner Reichsadler angebracht.

Oben: Noch sind die Wunden des Zweiten Weltkrieges in Friedrichshafen nicht vernarbt und die Werft nicht vollständig aufgebaut, als die „Hohentwiel“ 1948/49 ein geschlossenes Bugschanzkleid erhält, damit die Fenster des vorderen Salons besser vor Wellenschlag geschützt werden können.

Unten: Am Start zum Rennen um das „Blaue Band des Bodensees“ am 17. Juni 1951. Im Vordergrund die „Hohentwiel“, dahinter die „Bavaria“ und die „München“. Rabenschwarzer Qualm verfinstert den Sommerhimmel.

auch der Anbau von Stabilitätswülsten, wurden in der Friedrichshafener Werft von eigenem Fachpersonal unter Mitwirkung eines Ingenieurs der Bodanwerft ausgeführt. Nach diesem Umbau hatte sich die Leerwasserverdrängung von 282 Tonnen auf 313,8 Tonnen erhöht. Nun konnte die zulässige Personenzahl ohne Bedenken auf 850 Fahrgäste festgelegt werden.

Ungeachtet des bedeutenden Mehrgewichtes erreichte die „Hohentwiel“ immer noch eine respektable Höchstgeschwindigkeit von mindestens 28 Stundenkilometern.

Die zweite Hälfte der 30er Jahre brachten in der Laufbahn der „Hohentwiel“ keine nennenswerten Höhepunkte mehr. Das solide und technisch ausgezeichnete Schiff konnte eine jährliche Fahrleistung zwischen 20000 und 25000 Kilometern verzeichnen.

Nach Beginn des Zweiten Weltkrieges steigerten sich die Kurseinsätze. Im Jahre 1941 wurde den neuen Motorschiffen jedoch kaum noch Treibstoff zugeteilt. Auch die wirtschaftlichere „Ravensburg“ wurde immer seltener eingesetzt. Nach und nach mußten alle Motorschiffe, darunter auch das Friedrichshafener Flaggschiff, die 1937 in Dienst gestellte „Schwaben“, auf unbestimmte Zeit stillgelegt werden.

Da der Konstanzer Flotte nur noch drei Dampfschiffe zur Verfügung standen, wurden zeitweilig die Schiffe „Württemberg“ und „Koenigin Charlotte“ für den Dienst auf dem Überlinger See abgestellt, denn Kohle war noch immer in ausreichenden Mengen vorhanden.

Als sich ab 1943 die Einflüge alliierter Bombergeschwader auch im süddeutschen Raum häuften, erhielten die deutschen Bodenseeschiffe einen grauen Tarnanstrich. Einem der schwersten Luftangriffe auf die Stadt Friedrichshafen in der Nacht vom 27. auf den 28. April 1944 fielen die Schiffe „Württemberg“ und „Friedrichshafen“ zum Opfer. Mehrere Spreng- und Brandbomben detonierten im Werftgelände. Dabei brannte die auf der Helling liegende „Friedrichshafen“ vollständig aus. Die ausgeweidete Schale wurde später mit Beton ausgegossen und im „Schweb“ vor der Argenmündung versenkt. Auch der alte Salzstadel und der Hafenbahnhof erhielten schwere Treffer. Eine Bombenreihe ging in unmittelbarer Nähe der „Württemberg“ nieder, die am späten Nachmittag von einer Kursfahrt zurückgekehrt war. Das Schiff wurde durch den Nahtreffer einer 250-Kilogramm-Bombe leckgeschlagen und sank auf ebenem Kiel im Hafenbecken. Mit Hilfe eines Trajektkahnes und des Arbeits- und Feuerlöschbootes „Buchhorn“ gelang es zwar, die „Württemberg“ wenige Tage später zu heben und das Leck abzudichten, doch dann fiel das Schiff am 20. Juli 1944 einem amerikanischen Fliegerangriff zum Opfer. Auf der nun vollständig zerstörten Werft blieb nur ein ausgeglühtes Spantengerippe übrig.

Ein solches Schicksal blieb der „Hohentwiel“ erspart. Dank einer rechtzeitig eingegangenen Luftlagemeldung konnte der Dampfer in den Abendstunden des 27. April noch rechtzeitig vor dem Auslaufen in Konstanz zurückgehalten werden.

Wegen der immer größer werdenden Gefahr durch alliierte Tiefflieger wurde ab 1. Oktober 1944 der Schiffsverkehr zwischen Friedrichshafen und Bregenz ganz eingestellt. Die wenigen Schiffe auf der Teilstrecke nach Konstanz und im Überlinger See verkehrten bis auf einige Ausnahmen nur noch nach Einbruch der Dunkelheit und mit abgeblendeten Positionslampen.

Nach dem Einmarsch französischer Truppen im April/Mai 1945 blieb vorerst jeglicher Schiffsverkehr auf dem Bodensee untersagt. Erst ab 16. Oktober 1945 konnte mit dem österreichischen Salondampfer „Stadt Bregenz" wieder ein spärlicher Längsverkehr eröffnet werden.

Von 1947 bis 1952 führten alle deutschen Schiffe oberhalb der Ankerklüse eine Registriernummer der französischen Besatzungsmacht. Die „Hohentwiel" war mit der Nummer F 963 registriert.

Auf der unter großen Mühen provisorisch instandgesetzten Helling in Friedrichshafen erhielt die „Hohentwiel" bereits in den Wintermonaten 1945/46 als erstes deutsches Bodenseeschiff ihr ursprüngliches, weißes Kleid zurück.

Gemeinsam mit den Schiffen „Zähringen", „Bavaria" und „Lindau" zählte die „Hohentwiel" zu jenen ersten deutschen Schiffseinheiten, die im Frühjahr 1946 wieder einen bescheidenen Fahrplanverkehr eröffneten. Doch erst im Jahre 1949 hatte sich der Schiffsverkehr wieder weitgehend normalisiert. Der Eisenbahn-Trajektverkehr zwischen Friedrichshafen und Romanshorn konnte schon 1948 wieder aufgenommen werden, während der Personenverkehr auf dieser Route erst am 15. Mai 1949 freigegeben wurde.

Zur Wiederbelebung des Fremdenverkehrs wurden auf Anregung des Lindauer Verkehrsvereins und des Maschinenamtes Friedrichshafen zwischen 1950 und 1954 eine Reihe spektakulärer Wettfahrten veranstaltet, die als Rennen um das „Blaue Band des Bodensees" in die Schifffahrtsgeschichte eingegangen sind. Auf der ersten Wettfahrt im September 1950 konnte sich die „Hohentwiel" außerordentlich gut in Szene setzen und erkämpfte sich nach dem überragenden Motorschiff „Austria" aus Bregenz als schnellster deutscher Teilnehmer den zweiten Platz.

In den Jahren 1951 und 1952 konnte die „Hohentwiel" nur einen Rang im „Mittelfeld" behaupten, weil die Romanshorner Schwesterschiffe „St. Gallen" und „Rhein" ohne Stabilitätswülste nun eindeutig im Vorteil waren. Als erschwerender Umstand kam hinzu, daß oft bis zu 600 und mehr schaulustige Fahrgäste an Bord genommen wurden, was sich nachteilig auf die Antriebsleistung auswirkte. Beim fünften und letzten Wettkampf im Jahre 1954 konnte sich die „Hohentwiel" nach der zweimaligen Siegerin „Stadt Überlingen" wieder den zweiten Platz erkämpfen. Danach entschieden sich die Verwaltungen,

Oben: Die „Hohentwiel" um 1955 abfahrbereit im Konstanzer Hafen zur Fahrt in Richtung Friedrichshafen – Lindau – Bregenz. Rückwärts auslaufend das Motorschiff „Mainau".

Unten: Nachdem sich die Ablieferung des Motorschiffes „München" durch ein Explosionsunglück verzögerte, erhielt die „Hohentwiel" im Frühjahr 1962 noch eine „Gnadenfrist". Der bereits zur Ausmusterung vorgesehene Dampfer wurde für eine weitere Saison reaktiviert.

Rechte Seite: Am 13. September 1960 wechselte die „Hohentwiel" ihren Heimathafen und wurde als vorübergehender Ersatz für die ausgemusterte „Stadt Meersburg" der Konstanzer Flotte zugeteilt. Hier der Dampfer im April 1961 kurz vor Beginn der Frühjahrs- und Sommersaison. Im Hintergrund sind an der Außenmole die ausgemusterte „Zähringen" und das Motorschiff „Karlsruhe" zu erkennen.

endgültig auf solche Wettfahrten zu verzichten, da die Schäden an den Kessel- und Maschinenanlagen sowie an den Schaufelrädern oft sehr beträchtlich waren.

Zusammen mit dem in Konstanz stationierten Dampfschiff „Zähringen“ erreichte die „Hohentwiel“ auch im weiteren Verlauf der 50er Jahre noch beachtliche Fahrleistungen, die sich bis 1959 noch immer um die 20000 Kilometer im Jahresdurchschnitt bewegten.

In diesen Jahren hatten abwechselnd die Kapitäne Severin Weißhaupt, Kaspar Heckel, Josef Weit, Joseph Mang, Joseph Welz, Adolf Fetzer und Martin Spinnenhüter das Kommando auf der „Hohentwiel“.

Im Februar 1957 leistete die „Hohentwiel“ ihre letzten Wintereinsätze, als sie im Rahmen eines vierwöchigen Steuermanns-Lehrgangs dreimal täglich die noch bis 1960 ganzjährig befahrene Teilstrecke von Friedrichshafen nach Konstanz zurücklegte.

Mit der Indienststellung des ersten, großen Dreideck-Motorschiffes der Nachkriegszeit, der „Stuttgart“, waren im August 1960 die Tage der „Hohentwiel“ in Friedrichshafen gezählt.

Im Zusammenhang mit der Ausmusterung des Dampfers „Stadt Meersburg“ am 12. September 1960 wurde die „Hohentwiel“ nur einen Tag später der Konstanzer Flotte zugeteilt. Auf diese Weise war Konstanz, wenn auch nur noch für kurze Zeit, Heimathafen der beiden leistungsstärksten Dampfschiffe auf dem Bodensee, der „Hohentwiel“ und der „Stadt Überlingen“.

Der Überlinger See, den die „Hohentwiel“ früher nur bei Sonderfahrten durchkreuzt hatte, wurde nun zu ihrem ständigen Domizil. Als der Sommerfahrplan 1961 außer Kraft trat, sollte auch die „Hohentwiel“ nach 48 Betriebsjahren aus dem Verkehr gezogen werden. Doch im November 1961 ereignete sich auf der Bodanwerft in Kreßbronn ein schweres Explosionsunglück, bei dem auch der Ersatzbau für die „Hohentwiel“, das Motorschiff „München“, erheblich in Mitleidenschaft gezogen wurde. Dadurch verzögerte sich die auf Ostern 1962 geplante Ablieferung um rund vier Monate, und die „Hohentwiel“ erhielt nochmals eine Gnadenfrist. Von der zweiten Aprilhälfte 1962 an dampfte sie wieder mit einer langen, dunklen Rauchfahne durch den Überlinger See.

Am 4. August ging während des Konstanzer Seenachtsfestes die erste aktive Laufbahn der „Hohentwiel“ jedoch zu Ende. Der Dampfer hatte an verschiedenen Überlinger-See-Stationen Zuschauer aufgenommen. Während eines Manövers im Konstanzer Trichter barst das zuvor schon schadhafte und nur noch provisorisch instandgesetzte Hauptanfahrventil an der Dampfmaschine. Die „Hohentwiel“ mußte vom herbeigeeilten Motorschiff „Mainau“ in den Hafen geschleppt werden. Damit war die Saison 1962 nach nur dreieinhalb Monaten beendet. Da am 1. August das neue Motorschiff „München“ seinen Dienst aufgenommen hatte, lohnte sich eine Reparatur nicht mehr. Die „Hohentwiel“ wurde am 1. November 1962 aus der Schiffsliste gestrichen.

Roter-Adler-Orden, 4. Klasse

Verdienst-Medaille des Kronen-Ordens.

Orden der württembergischen Dampfschiffskapitäne zur Zeit von König Wilhelm II. (1891–1918):

Fregattenkapitän a. D. Wilhelm Rollmann, Schiffahrtsinspektor
Königlich preußisch:
Roter Adler-Orden 4. Klasse
Dienstauszeichnungskreuz
China-Denkmünze

Schiffskapitän Joseph Kugel
Württembergisch:
Orden der württembergischen Krone – Verdienstmedaille
Friedrichsorden – Verdienstmedaille
Silberne Verdienstmedaille
Königlich preußisch:
Allgemeines Ehrenzeichen mit rotem Kreuz im weißen Felde

Schiffskapitän Joseph Glatthaar
Württembergisch:
Friedrichs-Orden – Verdienstmedaille

Schiffskapitän Gustav Tobold
Württembergisch:
Dienstauszeichnung 1. Klasse

Schiffskapitän Joseph Badent
Württembergisch:
Friedrichs-Orden – Verdienstmedaille
Silberne Verdienstmedaille
Herzoglich sächsisch:
Sachsen-Ernestischer Hausorden – Silberne Verdienstmedaille
Großherzoglich badisch:
Silberne Verdienstmedaille
Erinnerungszeichen für 1870–71

Der Personalaufbau der Königlich Württembergischen Bodensee-Dampfschiffahrt im Jahre 1913

Im Jahre 1906 wurde Schiffahrtsinspektor, Kapitänleutnant a.D. Friedrich Bethge in den Ruhestand verabschiedet. Mit Fregattenkapitän a.D., Wilhelm Rollmann, trat wiederum ein ehemaliger Marineoffizier die Nachfolge an.

Zu den besonderen Verdiensten des langjährigen Inspektors Bethge zählten die Bemühungen um eine einheitliche Signalordnung sowie der hohe Sicherheitsstandard bei der württembergischen Bodenseeschiffahrt. Die ab 1901 in Dienst gestellten Dampfer waren alle durch mindestens sechs Schottwände unterteilt. Friedrich Bethge war zeitlebens mit dem ersten Vorstand der Schiffahrtsstelle Bregenz, k.u.k. Korvettenkapitän a.D., Emil Krumholz, freundschaftlich verbunden, was sich auf beide Unternehmungen sehr positiv auswirkte.

Die Schiffswerft Friedrichshafen war verwaltungstechnisch dem damaligen Bahnbetriebswerk angegliedert. Beide Dienststellen unterstanden Oberwerkmeister Ferdinand Nolte.

In der damaligen Zeit hatte jedes Schiff seinen Stammkapitän und größtenteils auch seine Stammbesatzung. Erster Kapitän der „Hohentwiel" wurde Joseph Glatthaar. Ohne Ausnahme handelte es sich um Persönlichkeiten mit Hochsee-Erfahrung, die entweder bei der Kaiserlichen Marine oder bei der Handelsschiffahrt gedient hatten. Hinzu kamen acht Steuerleute, darunter zwei zum Führen eines Dampfschiffes berechtigte Obersteuermänner, sieben Leitende Maschinisten, elf Oberheizer und drei Heizer 2. Klasse. Die Oberheizer standen im Beamtenverhältnis, während die Heizer 2. Klasse Tagelohn erhielten. Die Decksmannschaften setzten sich aus neun Kassieren und 30 Matrosen zusammen. Die meisten Kassiere hatten eine Ausbildung als Untersteuermann absolviert. Die Friedrichshafener Dampfschiffahrt-Inspektion betreute und unterhielt alle Einrichtungen des Haupthafens sowie die beiden Landestellen Langenargen und Kreßbronn. Darüber hinaus gab es noch je einen Agenturposten bei den auswärtigen Dienststellen Rorschach, Bregenz und Lindau.

Im Sommerfahrplan, der damals am 1. Mai in Kraft trat und am 30. September endete, standen bis zu fünf württembergische Dampfer im täglichen Einsatz.

Die Romanshorner Route wurde gemeinschaftlich mit den Schweizerischen Bundesbahnen befahren. Jeweils vier Kurspaare wurden von einem württembergischen Schiff und einem Schweizer Dampfer abgewickelt.

In den Hochsommermonaten Juli und August wurde nach einem dichteren Fahrplan gefahren. Hinzu kamen Ausflugs- und Gesellschaftsfahrten.

Im Winterhalbjahr befanden sich in der Regel nur drei Schiffe aus Friedrichshafen im Einsatz. Davon je eines auf der Längsroute und den beiden Querverbindungen nach Rorschach und Romanshorn.

Ein Dampfschiff befand sich immer fahrbereit in Reserve.

Links oben: Kapitän der Königlich Württembergischen Bodensee-Dampfschiffahrt.

Rechts oben: Steuermann.

Links unten: Matrose.

Rechts unten: Dampfschiffahrts-Verwalter in Paradeuniform.

Schiffbruch vor Wasserburg

Am 25. August 1914, der Erste Weltkrieg war gerade vier Wochen alt, hatte die „Hohentwiel“ auf der Rückfahrt von Bregenz nach Konstanz um 13.30 Uhr den Hafen von Lindau verlassen. An diesem warmen, gewittrig-schwülen Sommertag war am Bodensee von dem entfesselten Weltbrand noch kaum etwas zu spüren.

Im Gegensatz zum Kriegsausbruch von 1939, als das ganze Verkehrs- und Transportwesen sofort kriegswirtschaftlichen Zwecken unterstellt wurde und die neuen Motorschiffe bald „an die Kette gelegt waren“, gab es im Jahre 1914 zunächst noch keine nennenswerten Fahrplankürzungen.

Erste Auswirkungen konnten vorerst nur bei der Frequentierung der Kursschiffe beobachtet werden, denn zahlreiche Urlauber und gestellungspflichtige Soldaten aus allen Ländern des deutschen Kaiserreiches und aus Österreich mußten ihren Ferienaufenthalt mehr oder weniger freiwillig abbrechen.

Als die nur mäßig besetzte „Hohentwiel“ an diesem Augusttag aus dem Lindauer Hafen dampfte und das Glokkenschlagwerk umrundete, braute sich am westlichen Horizont eine schwarze, von Hagelwolken durchzogene Gewitterfront zusammen. Kapitän Glatthaar und sein Steuermann nahmen das aufziehende Unwetter stirnrunzelnd zur Kenntnis. Aber schließlich zeichnete sich die „Hohentwiel“ durch eine ebenso hohe Seetüchtigkeit wie Maschinenleistung aus. Kurze Zeit später wurde auf der Linie Rorschach-Langenargen ein wie mit dem Lineal gezogener weißer Streifen sichtbar. Dann brach der Gewittersturm urplötzlich über den Dampfer herein. Als erfahrener Bodenseekapitän hatte Joseph Glatthaar in kluger Voraussicht schon im Lindauer Hafen die Sonnensegel zusammenrollen und fest verzurren lassen. Das war ein Heulen, Brüllen und Sausen, das jeglicher Beschreibung spottete. Meterhohe, schaumgekrönte Brecher rollten heran, brandeten über das Vorschiff. Weiße Gischtkaskaden prasselten über Steuerhaus und Kommandobrücke bis auf das Oberdeck. Dann setzte auch noch Hagelschlag ein und nahm jede Sicht. Nur noch mit Hilfe eines stämmigen Matrosen gelang es der in Ölzeug gehüllten Brückenbesatzung, die „Hohentwiel“ im Ruder zu halten. Trotzdem konnten weder Kurs noch Fahrstufe beibehalten werden. Beim östlich von Wasserburg gelegenen Rechener Horn, unternahm die Schiffsführung einen letzten, verzweifelten Versuch, den Dampfer in den Wind zu drehen. Schon wollte das Schiff dem Druck des Ruders gehorchen, als ein langgestreckter, besonders steiler Wellenkamm heranrollte. Die 270 Tonnen schwere „Hohentwiel“ wurde wie ein Spielball hochgehoben und knirschend auf den seichten, glücklicherweise nicht felsigen Grund in der Nähe des Wasserburger Strandbades gesetzt.

Meistens flauen Gewitterstürme, so schnell sie auch hereinbrechen, nach kurzer Zeit wieder ab. Alle Passagiere konnten von Land aus schnell und unbeschadet geborgen werden. Aber die „Hohentwiel“ saß mit verbogenen Steuerbord-Radschaufeln am Ufer fest. Noch am frühen Abend trafen die beiden stärksten bayerischen Dampfschiffe „Lindau“ und „Bavaria“ ein, um die „Hohentwiel“ aus der mißlichen Lage zu befreien.

Mit einer Maschinenleistung von insgesamt 1800 Pferdestärken gelang es bald, den Havaristen wieder in das Tiefwasser zu ziehen. Schon am darauffolgenden Tag wurde die „Hohentwiel“ in Friedrichshafen wieder flottgemacht und konnte ihren Dienst bald wieder aufnehmen.

(Nach einem Augenzeugenbericht von Bruno Heitinger aus Wasserburg.)

Hell, freundlich und gediegen wirkte der vom Nürnberger Architekten Werner Höllfritsch gestaltete Salon der 1912 in Dienst gestellten „Bavaria“ (II).

Die Bordküche

Die alte württembergische Schiffsgastronomie ist nach mehreren Generationen längst Tradition und Geschichte.

Auf allen württembergischen Dampfern befand sich die Bordküche seit der 1890 in Dienst gestellten „Koenig Karl“ in der hinteren Hälfte des Steuerbord-Radkastens. Für den Wirtschafts- und Küchenbetrieb war häufig die Ehefrau eines Besatzungsangehörigen oder gar des Kapitäns zuständig. Angeboten wurden schon damals zwei bis drei Menüs, die auf einem Kohlenherd mit Backröhre und „Wasserschiff“ zubereitet wurden. Als Standardgericht war das ganze Jahr hindurch ein herzhafter schwäbischer Schweinebraten mit hausgemachten Spätzle, Blaukraut oder Wirsinggemüse erhältlich. Es gab auch die beliebten „Maultaschen“ als weiteres schwäbisches Nationalgericht, entweder in der Brühe oder angebraten und mit Zwiebeln abgeschmälzt. Bei besonderen Anlässen wurden auch Wild- und Geflügel-Spezialitäten, Fischgerichte und Süßspeisen zubereitet. Die „kalte Karte“ setzte sich aus verschiedenen Wurstsorten, Leberkäse oder Wurstsalat zusammen. Dazu gab es Faßbier, „Chabeso-Limonade“, „e Kaffeele“ aus dem Silberkännchen mit Liqueur für die Damen und für die Herren „e guetes schwäbisches Viertele außem Krügle!“

Besonders zünftig ging es an Sonntagen in der Kajütwirtschaft II. Klasse her. Neben warmen Getränken wie Tee und Kaffee wurden am Buffet vor allem Bier, Limonade und „Saitewürschtle“ feilgeboten. Die abendliche Heimfahrt vom Sonntagsausflug wurde meistens bei Bier und Kartenspiel verbracht. Hoflieferant der württembergischen Bodenseeflotte war schon damals die Benediktiner-Brauerei in Ravensburg. Gekühlt wurde durch Stangeneis, das vor der Abfahrt im Hafen übernommen und in speziellen Kühltruhen aufbewahrt wurde.

In den Jahren vor dem Ersten Weltkrieg kostete der halbe Liter Bier an Bord um die 15 Pfennige, das Paar Saitenwürste oder ein Schübling mit Brot und Senf 20 Pfennige. Der durchschnittliche Verdienst eines Facharbeiters bewegte sich zwischen 30 und 40 Pfennige in der Stunde.

Nach dem Umbau von 1932/33 war die Vorschiffskajüte nicht mehr für Fahrgäste zugänglich. Der Raum wurde durch mehrere Zwischenwände unterteilt und für die Mannschaft und Vorräte eingerichtet.

Für die I. Klasse gab es von nun an den neu aufgebauten Speisesalon auf dem Vorschiff, und den weniger zahlungskräftigen Passagieren stand jetzt der sämtlicher Eleganz entblößte Halbsalon im Achterschiff zur Verfügung.

Neben einem Hauptgericht für verwöhntere Gaumen wurden nun Tagesmenüs in einer Preislage von etwa zwei Reichsmark angeboten. Für den kleinen Hunger gab es einen Schübling mit Kartoffelsalat, Fleischküchle (Frikadellen) oder eine Scheibe warmen Leberkäse. Besonders angepriesen wurde auch deutsche Hausmannskost wie Linseneintopf mit Wursteinlage oder der bei Kennern deftiger schwäbischer Küche bevorzugte „Gaisburger Marsch“, ein Eintopfgericht mit Spätzle, Kartoffelwürfeln, Gemüse und Siedfleisch in Bouillon.

Während des Zweiten Weltkrieges beschränkte sich die Gastronomie auf reinen Buffetverkauf. Konnte noch bis etwa 1942 eine gewisse Auswahl getroffen werden, so bestand mit der Fortdauer des Krieges eine warme Mahlzeit aus einer dünnen „Sternchensuppe“, Eintopf aus Dörrgemüse, und zum Vesper gab es eine bescheidene Scheibe Schwartenmagen, Griebenwurst oder Ochsenmaulsalat; alles war für jeweils eine halbe Fleischmarke erhältlich.

In den ersten Nachkriegsjahren, bis etwa zur Währungsreform, blieben die Bordrestaurants geschlossen. Oftmals waren die Schiffe überfüllt mit sogenannten „Hamsterern“ aus Konstanz, Friedrichshafen oder Lindau, die in den ländlichen Zwischenstationen Sachwerte gegen Lebensmittel einzutauschen versuchten.

Als sich die Zeiten wieder besserten, wurden die Bordgaststätten zunächst an Privatpersonen verpachtet, aber dann gegen Ende der 50er Jahre vom Wirt des Friedrichshafener Hafenbahnhofs übernommen. Auf den sommerlichen Hauptkursen setzte sich das Wirtschaftspersonal aus einem Koch oder einer Köchin, einer Küchenhilfe und zwei Bedienungen zusammen. Auf dem Oberdeck I. Klasse und im Rauchersalon wurde bei den Dampfschiffen nur auf besonderen Wunsch serviert.

Als Hauptgerichte wurden in der Regel Schweinebraten, Gulasch und Schnitzel mit entsprechenden Beilagen angeboten. Für den kleineren Hunger gab es Hühnerbrühe mit Einlage, Flädlesuppe, ein Paar Wiener Würstchen sowie Wurst- oder Käsebrot. Mit einem solchen Angebot konnten in den 50er und den frühen 60er Jahren die meisten Passagiere noch zufriedengestellt werden.

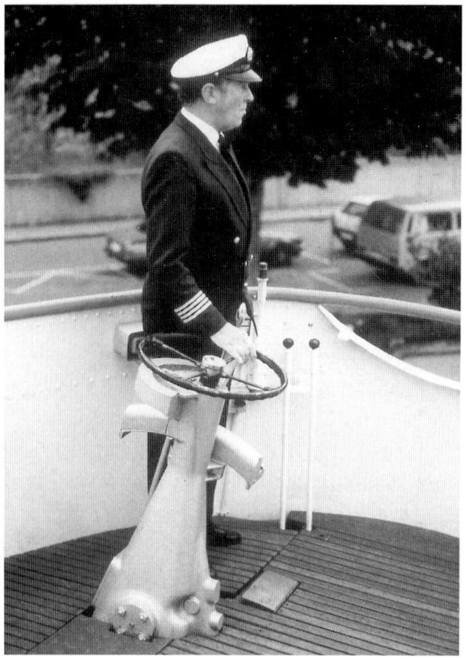

Kapitän Helmut Wochner.

Alltag auf der „Hohentwiel“

erzählt von Kapitän i. R. Helmut Wochner

Unter langsamer Fahrt gleitet das Motorschiff „Schwaben“ aus dem Lindauer Hafen. Die bayerische Inselstadt leuchtet in vorweihnachtlichem Glanz. Graue, langgestreckte Wogenkämme empfangen das Schiff auf dem offenen See. Aber in den Salons herrscht wohlige Wärme. Aus den Lautsprechern klingen besinnliche Weisen.

Kerzenschein und die weihnachtlichen Ornamente an den Fenstern verbreiten trotz des rauhen Winterwetters eine angenehme, fast feierliche Atmosphäre. Die „Schwaben“ befindet sich auf einer der beliebten Advents-Kreuzfahrten des Jahres 1991, die seit 1976 das Ausflugsprogramm der Vereinigten Schiffahrtsunternehmen am Bodensee bereichern. An unserem Tisch sitzt Altkapitän Helmut Wochner, der nun nach 44 Dienstjahren in den wohlverdienten Ruhestand getreten ist. Am österreichischen Ufer kommt die schmale Nadelspitze des Harder Kirchturms in Sicht und links davon, dicht unter Land und nur schemenhaft erkennbar, die Silhouette der sich im Winterschlaf befindenden „Hohentwiel“.

„Einst waren diese beiden Schiffe langjährige Partner bei der württembergischen Flotte!“, beginnt Helmut Wochner seine Erzählung. „Aber dies liegt nun schon lange, sehr lange zurück!“

„In Friedrichshafen waren damals vier Fahrgastschiffe stationiert. Die beiden Raddampfer ‚Hohentwiel‘ und ‚Lindau‘ und die Motorschiffe ‚Ravensburg‘ und ‚Schwaben‘. Die Motorschiffe hatten zu Beginn meiner Dienstzeit gerade ihren kriegsschiffgrauen Anstrich abgelegt und ihr weißes Kleid zurückerhalten!“, erinnert sich der Kapitän. „Damals wurde noch das ganze Jahr über im Liniendienst gefahren!“, setzt er die Unterhaltung fort. „Bis 1951 gab es auch im Winter vier fahrplanmäßige Kurse zwischen Konstanz und Bregenz. Die Hauptlast des Winterverkehrs von Friedrichshafen aus ruhte auf der ‚Hohentwiel‘ und der ‚Ravensburg‘. Bei besonders heftig auftretenden Winterstürmen fuhren wir generell mit der ‚Hohentwiel‘, da bei der ‚Ravensburg‘ einige Male die Fensterscheiben des vorderen Salons eingedrückt worden waren. Die ‚Schwaben‘ und die ‚Lindau‘, die damals ‚Hoyerberg‘ hieß, leisteten kaum Winterdienst und verkehrten in der Regel nur bis zum Ende des Herbstfahrplans.

Der Dienst vor den Kesseln und an der Maschine wie auch an Deck war damals hart und entbehrungsreich, aber wenn ich so zurückdenke, war es trotzdem eine schöne Zeit!“

Kapitän Wochner hält für einen Augenblick inne, denn am westlichen Horizont werden die Konturen der „Stuttgart“, seines langjährigen „Stammschiffes“ sichtbar, das von Friedrichshafen aus ebenso wie die von Lindau kommende „Schwaben“ Kurs auf Rorschach genommen hat.

„Meine Laufbahn begann im Kesselraum der ‚Hohentwiel‘ und ging auf dem Fährschiff ‚Friedrichshafen‘ und der ‚Stuttgart‘ zu Ende. Für den Frühkurs nach Konstanz, der um 5.50 Uhr in Friedrichshafen abging, war der Dienstbeginn auf 4.30 Uhr angesetzt. Bis um 5.30 Uhr mußten die Feuer aufgerissen und der Dampfdruck auf zehn Atmosphären hochgefahren sein. Lag das Schiff über mehrere Tage kalt an der Mole, wurde bereits am Vorabend angeheizt. In der warmen Jahreszeit beneideten wir stets die Kollegen vom Decksdienst, doch in den Wintermonaten war dies umgekehrt. Auf dem Frühkurs bestand das Reisepublikum überwiegend aus Schülern und Studenten der Konstanzer Schulen und des Staatstechnikums. Für die in Immenstaad, Hagnau und Meersburg ‚fahrenden‘ Schüler wurde die Überfahrt stets genutzt, um die noch unerledigten Hausaufgaben nachzuholen!“

Wochner erwähnt nun das nicht immer ungetrübte Verhältnis zu den älteren Kollegen und Vorgesetzten. „Der Kapitän und der Maschinist waren meist recht wortkarge Zeitgenossen. Beide waren so etwas wie ungekrönte Könige auf dem Dampfer. Sie hatten denselben Dienstrang, und man war ihnen auf Gedeih und Verderb ausgeliefert. Während der Fahrt gab es kaum Ruhepausen. Wehe, wenn das Dampfdruckmanometer unter zehn Atmosphären anzeigte! Das Donnerwetter des Maschinisten war dann unvermeidlich. Erst wenn nach der Ankunft in Konstanz die Feuer ‚gereinigt‘ waren, indem die Schlacke vom Feuerrost gezogen war und neue Kohlen aufgelegt werden konnten, gab es eine kurze Verschnaufpause. Um acht Uhr ging es dann in Richtung Bregenz. Nach dem

Im Mai 1933 erfolgten von Friedrichshafen aus die ersten Probefahrten der „Hohentwiel“ nach dem Umbau.

Auslaufen aus dem Konstanzer Hafen mußte die ‚Lösche‘, wie man im Heizerjargon die Schlacke bezeichnet, durch das kleine Aschen- und Schlacken-Auswurfluk über Bord geschaufelt werden. Die beiden Kohlenbunker seitlich des Maschinen- und Kesselraums faßten jeweils fünf Tonnen Steinkohle. Oft kam es auf der abendlichen Rückfahrt vor, daß in Höhe der Schloßkirche von Friedrichshafen die letzten Kohlenreste zusammengekratzt werden mußten, um noch bis zum Hafen den notwendigen Mindestdruck zu halten. Am nächsten Morgen begann das Tagewerk wiederum mit der Kohlenübernahme entweder direkt vom Land oder vom Bunkerschiff ‚Rabe‘.

Die Kohlen wurden mit der Schubkarre auf das Schiff gebracht und im Mittelschiffsdeck durch zwei runde Luken in die darunter liegenden Kohlenbunker geschüttet. Täglich wurden acht bis zehn Tonnen benötigt, was fast einer kleinen Eisenbahnwaggon-Ladung entsprach.

Wenn wir nach Dienstschluß die Feuer ‚abgedeckt‘ hatten, waren wir oftmals so erschöpft, daß wir kaum noch in der Lage waren, mit dem Fahrrad den Heimweg anzutreten. Zu Hause schliefen wir meistens sofort ein. Hinzu kam der Hunger, der uns in den mageren Nachkriegsjahren oft plagte!“

Das Schweizer Ufer ist inzwischen bedeutend näher gerückt.

Gleichzeitig mit der „Schwaben“ steuert auch das österreichische Motorschiff „Vorarlberg“ Rorschach entgegen.

„Hier beim Rohrspitz befand sich zu Beginn der 50er Jahre die Startlinie bei den Wettfahrten um das ‚Blaue Band des Bodensees‘. Die ‚Hohentwiel‘ erreichte dabei zeitweilig und trotz der durch den Umbau bedingten Stabilitätsanbauten noch immer gute 28 Stundenkilometer. Immerhin belegten wir bei der ersten Wettfahrt im September 1950 nach dem als unschlagbar geltenden Motorschiff ‚Austria‘ als schnellster deutscher Teilnehmer den zweiten Platz.

An insgesamt vier Wettfahrten haben wir mit der ‚Hohentwiel‘ teilgenommen. Alles, was auf irgendeine Weise als brennbares Material verwendet werden konnte, wurde auf die glühenden Kohlen geworfen. Ölgetränkte Putzlappen verursachten eine derart starke Rauchentwicklung, daß sich der Sommerhimmel über dem Obersee nahezu verfinsterte.

Solche Aktionen würden heute bei den Umweltschützern blankes Entsetzen hervorrufen!“

Inzwischen haben sich zusammen mit der „Schwaben“ die Motorschiffe „Vorarlberg“, „St. Gallen“ und „Stuttgart“ in der Rorschacher Bucht eingefunden. Altkapitän Wochners Augen wandern hinüber zur „Stuttgart“, wo nun auf der Brücke ein jüngerer Kollege seinen Platz eingenommen hat.

„Es ist schon ein wehmütiges Gefühl, nun nicht mehr aktiv dabei zu sein. Als damals, im Jahre 1960 die ‚Stuttgart‘ in Dienst gestellt wurde und die ‚Hohentwiel‘ nach Konstanz kam, waren wir alle heilfroh, diesen ‚Schinder‘ endlich los zu sein. Nie mehr in der Gluthitze vor den Flammrohren schuften zu müssen, kein morgendliches Auslaufen mehr zum Rußblasen, wobei die Rauchrohre weit draußen auf dem See mit Dampfdruck ausgeblasen wurden!

War diese Prozedur beendet, hieß es für die Decksmannschaft ‚Rein Schiff‘ zu machen, denn Sitzbänke und

Planken waren nun mit einer fetten Rußschicht bedeckt. Wehe, es beschwerte sich auf der anschließenden Fahrt ein Passagier beim Kapitän über verschmutzte Kleidung! Dann wurde uns im wahrsten Sinne des Wortes die Hölle heiß gemacht!"

Wir ziehen uns wieder in den warmen Salon zurück. Über dem See beginnt es schon zu dämmern. „Alles vorbei, aber schön war es doch, ob auf den Dampf- wie auf den Motorschiffen. In den späteren Jahren, als die ‚Hohentwiel' im Bregenzer Segelhafen vertäut lag, entbot ich ihr immer wieder einen stummen Gruß, bevor wir in den Hafen der vorarlbergischen Landeshauptstadt einliefen.

Wie groß war dann meine Freude, als im Frühjahr 1990 sein Dreiklang-Nebelhorn wieder vor Friedrichshafen ertönte. Der oft geschmähte, aber ebenso geliebte ‚Schinder' hatte sich in ein Schmuckstück verwandelt, das mit der damaligen Zeit nicht mehr zu vergleichen ist!"

Auf die Frage, welchen Beruf er ergreifen würde, wenn er die Uhr noch einmal zurückdrehen und sich neu entscheiden könnte, blickt Helmut Wochner verwundert über den Tisch. „Bodenseekapitän, was sonst!", lautet die spontane Antwort.

Eine Winterfahrt

Es war an einem naßkalten und dunstigen Februartag im Jahre 1957. Die Bohlen des Hagnauer Landungssteges waren mit verkrusteten Schneeresten bedeckt. In lange Wintermäntel gehüllt, warteten einige Passagiere fröstelnd auf die Ankunft des Kursschiffes nach Konstanz, das planmäßig um 15.40 Uhr ankommen sollte. An der Hand des Vaters wartete auch ich voller Ungeduld, mit welchem Schiff wir wohl fahren würden. Aus Zeitgründen hatten wir auf der Hinfahrt bis Meersburg den Kurs nach Überlingen benutzt und waren dann mit dem Bahnbus nach Hagnau gefahren.

Neben dem Stegkopf krächzten einige Bläßhühner, und irgendwo auf dem See tuckerte der Motor eines Fischerbootes.

In der Regel wurde die damals noch ganzjährig aufrechterhaltene Teilstrecke Friedrichshafen–Konstanz in den Wintermonaten von den bayerischen „Zwillingen" „Kempten" und „Augsburg" oder von deren württembergischer Halbschwester „Ravensburg" befahren. So rechnete ich auch fest damit, daß sich bald die um diese Jahreszeit altvertraute Silhouette eines der drei Motorschiffe aus dem Dunst schälen würde. Doch plötzlich ertönten, zunächst noch aus weiter Ferne, dann in regelmäßigen Abständen immer lauter werdend, die Nebelsignale einer Dampfpfeife. Wie war das möglich? Ein Raddampfer mitten im tiefsten Winter? Denn die Dampfschiffe, die damals noch verkehrten, verließen erst zur Ostersaison vereinzelt ihre Winterquartiere. Erst leise, dann immer deutlicher hörbar, drang auch schon das charakteristische Rauschen der Schaufelräder an mein Ohr. Nun waren jegliche Zweifel beseitigt. Der Kurs Nr. 116 wurde von einem Dampfschiff befahren. Ich kann mich noch daran erinnern, daß mich Vater zur Ruhe mahnte, als ich lautstark aufjubelte: „Es ist ein Dampfer, ein Dampfer kommt!"

Nach wenigen Augenblicken schob sich der hohe, senkrechte Vorsteven gegen die Dalben der Landungsbrücke. Weiß leuchteten das Buglicht und grün die Positionslaterne auf dem Steuerbord-Radkasten.

Die während des Stoppmanövers rückwärts arbeitenden Schaufelräder wühlten wegen des herrschenden Niedrigwassers den sandigen Grund auf. Der vierschrötige württembergische Kapitän auf der Brückennock hatte sein rosiges Gesicht dicht an die Muschel des messingglänzenden Sprachrohrs gepreßt. Am Radkasten stand in großen, dunklen Lettern der Name „Hohentwiel".

Im Schiffsinnern empfing uns das warme Leben, und es umgab uns ein Gefühl von Geborgenheit, wie es um diese Jahreszeit nur ein Dampfschiff ausstrahlen konnte.

Die mächtige Maschine glänzte im matten Schein einer Deckenlampe. Vor den Kesseln hantierten die beiden Heizer und warfen gerade eine neue Lage Kohlen auf die rotschimmernde Glut.

Der Maschinist an seinem rotgestrichenen Umsteuerrad und den zahlreichen Hebeln warf einen kurzen, freundlichen Blick zu mir nach oben. Als das schrille Klingelzeichen des Maschinentelegraphen ertönte, zuckte ich für einen Augenblick vor Schreck zusammen. Dann setzte der Maschinist dieses faszinierende Gebilde aus Messing und Stahl in Bewegung. Ein durchdringendes Fauchen, das Stahlungetüm reckte seine blanken Glieder. Erst langsam, dann in immer schneller werdendem Rhythmus schwangen die beiden wuchtigen Antriebskurbeln auf und nieder. Während ich von der Maschinenluke nicht mehr loskam, unterhielt sich Vater in einiger Entfernung mit dem Kassier, den er noch aus seiner aktiven Zeit als Eisenbahner kannte.

Es begann schon zu dämmern, und die langsam hereinbrechende Winternacht legte ihren dunklen Mantel über den See. Aber die stampfende Maschine vermittelte ein so großes Sicherheitsgefühl, so daß ich das unfreundliche Wetter draußen vollständig außer acht ließ.

Das war die „Hohentwiel" meiner Kindheit. Während der Sommerzeit war es mir noch oft vergönnt, mich auf den Planken dieses prächtigen Dampfers aufzuhalten. Doch jene Fahrt von Hagnau nach Konstanz sollte der einzige Winterkurs sein, den ich an Bord eines Dampfschiffes erleben durfte. Erst viel später erfuhr ich, daß die „Hohentwiel" nur ausnahmsweise im Rahmen eines Steuermann-Lehrganges unter Dampf gesetzt worden war. In den späteren Jahren, als längst keine Rauchfahne mehr über den See zog, stattete ich immer wieder gerne meinem alten „Seekameraden" aus der Kinderzeit trotz seines desolaten Zustandes im Bregenzer Segelhafen einen Besuch ab. Inzwischen wurde die „Hohentwiel" ihrem Dornröschenschlaf entrissen und kreuzt stolzer und strahlender als je zuvor wieder über den Bodensee.

Außerdienststellung und Verkauf der „Hohentwiel“

Als Restaurant und Clubheim im Bregenzer Segelhafen

Als die Deutsche Bundesbahn den Raddampfer „Hohentwiel“ nach 49 Jahren aus dem aktiven Dienst zurückzog und zum 1. November 1962 ausmusterte, schien es nur noch eine Frage der Zeit, bis auch dieses Schiff unter dem Schneidbrenner enden würde. Denn ein solches Schicksal hatten bis dahin alle auf das Aussterbeetat gesetzten Dampfschiffe ereilt. Aber es sollte anders kommen. Zum damaligen Zeitpunkt konnte freilich noch niemand ahnen, daß der „Hohentwiel“ rund drei Jahrzehnte später und unter ganz anderen Voraussetzungen eine neue, glanzvolle Karriere bevorstehen sollte.

Auf der Suche nach einem Clubheim wurde der Bregenzer Segelclub (BSC) auf den ausgemusterten Veteranen aufmerksam. Da im Augenblick keine Möglichkeit bestand, ein massives Gebäude an Land zu errichten, blieb die „Hohentwiel“ eine willkommene und preisgünstigere Alternative. Das Schiff wurde zum Schrottpreis von 10000 Mark (70000 öS) von der Deutschen Bundesbahn erworben.

Am Montag, den 22. April 1963, lief das Motorboot „Feldkirch“ der Österreichischen Bundesbahnen in den Konstanzer Hafen ein, um den seit dem vergangenen Herbst stillgelegten Dampfer nach Bregenz zu schleppen. Die kleine „Feldkirch“ machte an der Backbordseite des Achterschiffes der „Hohentwiel“ fest und mußte aus ihren je 150 PS starken Dieselmotoren alles herausholen, um den 314 Tonnen schweren Koloß in Bewegung zu setzen.

Bei strahlendem Frühlingswetter ging es nun direkt über die gesamte Distanz des Obersees nach Bregenz. So mancher Spaziergänger, der an diesem Nachmittag in den Bregenzer Seeanlagen den warmen Sonnenschein genoß, mochte sich beim Anblick des sich langsam nähernden Dampfers verwundert die Augen gerieben haben.

Aus dem Schornstein stieg zwar Rauch auf, aber die Schaufelräder drehten sich nicht! Das Schiff schob sich wie von Geisterhand geführt der Hafeneinfahrt entgegen. Doch im Hafen kam man schnell hinter des Rätsels Lösung. Da die hinter dem Backbord-Radkasten befestigte „Feldkirch“ bis zum Anlegemanöver unsichtbar blieb, konnte sie von Land aus nicht ausgemacht werden. Während der Fahrt hatte sich die Mannschaft einen Scherz erlaubt und mit Hilfe von Holz und restlichen Kohlenbeständen in den Flammrohren ein Feuer entfacht.

Bevor die „Hohentwiel“ ihren langjährigen Liegeplatz im Segelhafen einnehmen konnte, sollte noch über ein Jahr verstreichen. Ende Mai 1963 wurde das Schiff probeweise in den beinahe fertiggestellten Segelhafen geschleppt. Dann ging es wieder zurück in den „Reservemolo“ im Bundesbahnhafen. Hier begannen die Umbau- und Anpassungsarbeiten für die künftige Verwendung als Restaurant und Clubheim, die sich bis zum Frühjahr 1964

Die „Hohentwiel" nach ihrer Ankunft in Bregenz im April 1963, Bug an Bug mit dem Salondampfer „Stadt Bregenz", der noch bis 1965 im Einsatz stand.

hinzogen. Zu Pfingsten 1964 erstrahlte die „Hohentwiel" in einem neuen, weißen Kleid. Auch die vor der „Hohentwiel" liegende „Stadt Bregenz" hatte noch einmal einen neuen Anstrich erhalten, und so muteten die beiden stolzen Dampfschiffe wie ein Schwanengesang an.

Als sichtbares Zeichen der nun in österreichischen Besitz übergegangenen „Hohentwiel" leuchteten nun vom Schornstein die rot-weiß-roten Landesfarben.

Die im zurückliegenden Winterhalbjahr vorgenommenen Verstümmelungen der Schaufelräder innerhalb der Radkästen, die als Raum für das künftige Getränkelager dienen sollten, blieben optisch unsichtbar. Gewisse „Eingriffe" machten auch vor der Maschinenanlage nicht halt. Um Raum für einen Abwassertank zu gewinnen, wurde die aus dem Hochdruckzylinder heraustretende Kolbenstange kurzerhand abgetrennt. Nach Beendigung dieser Arbeiten bugsierte wiederum die „Feldkirch" den Dampfer am 25. Mai 1964 endgültig an seinen Liegeplatz im Segelhafen.

Zahlreichen Seeanwohnern aus Bregenz und vom Vorarlberger Ufer erscheint es teilweise heute noch unverständlich, daß anstelle der „Hohentwiel" nicht der populäre „einheimische" Salondampfer „Stadt Bregenz" als Clubheim verankert wurde. Dabei wird jedoch übersehen, daß sich im Jahre 1964 die „Stadt", wie das letzte und größte österreichische Bodensee-Dampfschiff im Volksmund liebevoll genannt wurde, noch im aktiven Dienst befand und erst im August 1965, nach Indienststellung des Motorschiffes „Vorarlberg" seine 55jährige Laufbahn beendete.

In den Wintermonaten 1964/65 und 1965/66 wurde die „Hohentwiel" aus Sicherheitsgründen wieder in den Bundesbahnhafen verlegt. Im Frühjahr 1966 verlor das Schiff bedauerlicherweise seine bis dahin noch kompakte Silhouette des letzten Bauzustandes, als nach einer, aus heutiger Sicht unverständlichen Verordnung des Landschaftsschutzes Steuerhaus, Kommandobrücke und die Rauchkappe demontiert werden mußten.

Als die „Hohentwiel" im Mai dann wieder in den Segelhafen verlegt wurde, blieb sie dort von dem Zeitpunkt an für 18 Jahre ununterbrochen vertäut. Fast zwei Jahrzehnte lang erfüllte das Schiff nicht nur seine Bestimmung als Seglerheim, sondern auch als beliebtes Restaurant für einheimische Spaziergänger und für Urlauber und Freizeitkapitäne aus der gesamten Seeregion. An schönen Sommertagen waren die Freidecks bis auf den letzten Platz besetzt. Ob beim „Seemannsfrühstück" oder beim „Dämmerschoppen", zu jeder Tageszeit fand die gemütliche Atmosphäre an Bord des ehemaligen Fahrgastschiffes großen Anklang.

Als wäre die „Hohentwiel" ihrer langen Liegezeit überdrüssig, riß sich das Schiff während eines schweren Herbststurmes an einem Samstagabend im November 1977 von seinen Tauen los und beschädigte mit dem Heck eine Segelyacht. Eine Abteilung der Freiwilligen Feuerwehr Bregenz-Stadt rückte an, um den treibenden Dampfer mit einer Seilwinde an den Liegeplatz zurückzuholen. Aber das schwierige Unterfangen gelang erst mit Hilfe eines herbeigerufenen Mobilkrans.

Im Laufe der Jahre begann der „Zahn der Zeit" unerbittlich am letzten Bodenseedampfer zu nagen.

Das alte Sprichwort „Wer rastet, der rostet!" traf auch für die „Hohentwiel" zu. Zu Beginn der 80er Jahre befand sich das Schiff bereits in einem unansehnlichen, erbärmlichen Zustand.

In den zurückliegenden Jahren waren nur die allernotwendigsten Instandhaltungsarbeiten durchgeführt worden, die für den Restaurationsbetrieb unbedingt erforderlich waren. Die kritischen Stimmen, die sich gegen diesen „Schandfleck" aussprachen, begannen sich zu häufen.

Dem Bregenzer Segelclub war in absehbarer Zeit ein festes Clubheim an Land in Aussicht gestellt worden.

Danach schien ein Abbruch der „Hohentwiel“ unvermeidlich. Doch der unbekümmerte Fortschrittsglaube, wie er noch bis Ende der 60er Jahre in weiten Bevölkerungsschichten vorherrschte, war zu diesem Zeitpunkt kein Thema mehr. Längst hatte man sich wieder auf den Wert von Zeugnissen vergangener Epochen besonnen. Private Initiatoren hatten sich darum schon seit Jahren um die Erhaltung der „Hohentwiel“ bemüht. Sämtliche Pläne waren wegen der fehlenden finanziellen Mittel jedoch gescheitert.

In Anbetracht des desolaten Zustandes der „Hohentwiel“ mußte der Restaurationsbetrieb im Sommer 1984 aus Sicherheitsgründen aufgegeben werden. Nur ein Kiosk war noch an bestimmten Tagen geöffnet. Die Zeit, in der die „Hohentwiel“ einen längst vertrauten Anblick am Bregenzer Seeufer bot, neigte sich unwiderruflich ihrem Ende entgegen.

Aber nun wurde die Erhaltung des letzten Schaufelraddampfers auf dem Bodensee als Zeuge einer fast 150jährigen Schiffahrtsepoche zu einem Anliegen der internationalen Öffentlichkeit. Am 5. Oktober 1984 wurde auf dem Gebhardsberg oberhalb von Bregenz die Vereinigung „Internationales Bodensee-Schiffahrtsmuseum e. V.“ ins Leben gerufen.

Am Dienstag vormittag, dem 30. Oktober 1984, verließ die „Hohentwiel“ nach 20 Jahren ihren Liegeplatz für immer. Im Schlepp des Motorbootes „Dornbirn“ ging die Fahrt auf die Schiffswerft nach Fussach. Noch war es eine Reise ins Ungewisse. Eine konkrete Entscheidung über das weitere Schicksal des Schiffes wurde noch nicht gefällt. Doch das erste, sichtbare Zeichen für eine mögliche Rettung war damit gesetzt.

Über 20 Jahre lang ein gewohntes Erscheinungsbild. Die „Hohentwiel“ als Restaurant und Clubheim im Segelhafen.

Die Rettung des letzten Bodenseedampfers

Der Verein „Internationales Bodensee-Schiffahrtsmuseum e. V.“ wird gegründet

Mehr als ein Dutzend Kurs- und Sonderschiffe durchpflügen von Frühjahr bis Herbst täglich die Bregenzer Bucht. Hier lag rund 21 Jahre lang die „Hohentwiel“. Von den meisten Fahrgästen kaum beachtet, duckte sich ihre verstümmelte Silhouette vor den uralten Pappeln des zwischen der Festspieltribüne und der Klosterkirche Mehrerau gelegenen Seglerhafens. Neben den Wassersportlern und Freizeitkapitänen aus allen drei Anliegerstaaten hielten von Zeit zu Zeit auch einige getreue Schiffahrtsfreunde auf der schwimmenden Clubgaststätte Einkehr, von der vagen Hoffnung beseelt, daß der einstmals so stolze Dampfer wenigstens in dieser Form der Nachwelt erhalten bleiben würde. Immer wieder wurden auch vereinzelt Stimmen laut, daß hier noch ein echter Zeuge aus der großen Vergangenheit der Bodensee-Dampfschiffahrt vor Anker liege, dessen Erhaltung gerechtfertigt sei. Mehrere, wenn vielleicht auch etwas dilettantisch vorgebrachte Aufrufe zeigten jedoch nicht die erhoffte Resonanz. Die „Hohentwiel“ rostete weiter vor sich hin. Ein zwar sehr lange hinausgezögertes, letztendlich unvermeidliches Ende unter dem Schneidbrenner schien nur noch eine Frage der Zeit.

Buchstäblich fünf Minuten vor zwölf, im Oktober 1984, wurde auf dem Gebhardsberg bei Bregenz die Vereinigung „Internationales Bodensee-Schiffahrtsmuseum“ gegründet. Zum 1. Vorsitzenden wurde Landrat Klaus Henninger aus Lindau gewählt, der in den kommenden Jahren die Restaurierung der „Hohentwiel“ mit beispiellosem Engagement und einer großen Überzeugungskraft in den drei Anliegerstaaten vertreten sollte.

Die weltweite „Renaissance“ der Dampfschiffahrt zeigt sich auf den Briefmarken der Republik Sao Tomé e Príncipe mit Motiven der früheren Bodensee-Dampfschiffe „Leopold“, „Stadt Schaffhausen“, „Kronprinz“ und „St. Gallen“, nach Zeichnungen von Erich Hofmann, Konstanz.

Links: Werbeprospekt zur Rettung der „Hohentwiel“.

Linke Seite: Rings um den Bodensee, auf Messen und Ausstellungen, wurde vom Vereinspräsidenten Henninger, der Vorstandschaft und Projektleiter Kloser fleißig die Werbetrommel gerührt.

Der Dampfer «Hohentwiel» soll wieder fahren!

Werden Sie Mitglied des Vereins «Internationales Bodensee-Schiffahrtsmuseum e.V.» und helfen Sie mit, das letzte Dampfschiff auf dem Bodensee zu erhalten.

Zunächst dachte man nur an ein schleppfähiges Museumsschiff, das nach vorher vereinbarten Zeiträumen in den größten Bodenseehäfen vor Anker gehen sollte. Anhand von Exponaten, Bilddokumentationen und noch vorhandenen Relikten aus der Dampfschiffära sollte bei der Uferbevölkerung und den Feriengästen die nun längst versunkene Epoche eindringlich vor Augen geführt werden.

Dann aber wurde unter der Führung von Landrat Klaus Henninger das Ziel angestrebt, den Dampfer wieder betriebsfähig herzurichten. Einmütig lautete daher die Devise: „Die ‚Hohentwiel‘ muß wieder fahren!“

Der Vereinsvorstand während einer Jahreshauptversammlung im Seezentrum Hard. Präsident Henninger erläutert den augenblicklichen Stand der Dinge.

Der Vereins-Vorstand im Jahre 1992

Landrat Klaus Henninger, Lindau, Präsident

Ferdinand Bereuter, Dipl. Architekt, Rorschacherberg/Schweiz, Vizepräsident

Kommerzialrat Helmut Warnecke, Lauterach/Österreich, Vizepräsident

Landrat Dr. Robert Maus, Konstanz, Schatzmeister

Dipl.-Ing. Johannes Leidenfrost, Bregenz/Österreich, Schriftführer

Horst Blohm, Ing., Ravensburg

Benito Boari, Denkmalpfleger, St. Gallen/Schweiz

Emmerich Gmeiner, Stadtarchivar, Bregenz/Österreich

Werner Häusler, Journalist, Konstanz

Reinhard E. Kloser, Techn. Schiffsoffizier/Projektleiter, Hard/Österreich

Dr. Werner Raths, Frauenfeld/Schweiz

Landrat Siegfried Tann, Friedrichshafen

Dr. Hans-Ulrich Wepfer, Seminarlehrer, Ermatingen/Schweiz

Oberbürgermeister Dr. Berndt Wiedmann, Friedrichshafen

Die Protagonisten der Restaurierung des Dampfschiffes „Hohentwiel“ präsentieren das fast schon legendäre Plakat.

Phönix aus der Asche

Die Instandsetzung der „Hohentwiel“

Was zunächst zahlreichen Mitgliedern undenkbar schien, zeichnete sich aber nun immer deutlicher ab. Gemeinsam mit der Vorarlberger Landesregierung wurde die Idee der Internationalen Bodenseekonferenz, einer alljährlich stattfindenden Tagung aller drei Anliegerstaaten und ihrer Bundesländer und Kantone, unterbreitet. Nach genau 20jährigem Dornröschenschlaf verließ der Dampfer am 30. Oktober 1984 im Schlepp des längsseits vertäuten Motorbootes „Dornbirn“ den Bregenzer Segelhafen. Der eigenartig anmutende Schleppzug bewegte sich in Richtung Fussach. Auf der ÖSWAG-Werft sollte eine eingehende schiffbauliche und substantielle Untersuchung vorgenommen werden. Zusammen mit anderen, wrackähnlichen ausgedienten Schiffseinheiten, darunter einem alten Fährschiff der Konstanzer Verkehrsbetriebe, blieb nun auch die „Hohentwiel“ bis zum November 1986 in Fussach vertäut.

Die Vereinigung „Internationales Bodensee-Schiffahrtsmuseum“ begann ihre Fühler nach verschiedenen Werften auszustrecken, um Kostenvoranschläge für ein betriebstüchtiges Dampfschiff einzuholen. Aber sämtliche Angebote bewegten sich auf einem nicht finanzierbaren Niveau von rund sieben Millionen D-Mark, nicht eingerechnet die gesamte Innenausstattung. Manch andere Interessengruppe hätte bei diesen Preisvorstellungen der Werften das Vorhaben als nicht realisierbar aufgegeben. Aber nicht so die Verantwortlichen des noch jungen Vereins. Darüber hinaus war es seinem Vorstand auch nicht entgangen, daß die in Betracht gezogenen Unternehmen kein sonderliches Interesse an der Restaurierung eines solchen „Raddampfer-Wracks“ bekundet hatten.

Der Verein beschritt einen völlig neuen Weg, indem er den gesamten Umfang der Restaurierungsarbeiten in einzelne Gewerke aufteilte und Kostenvoranschläge von mittelständischen Fachbetrieben einholte. Voraussetzung war jedoch, daß Gesamtplanung, Bauleitung, Organisation und Koordination sowie das Engineering von einem Projektleiter in die Hand genommen wurden.

Die ersten Kalkulationen für einen betriebsfähigen Zustand lagen bei 2,7 Millionen D-Mark. Zunächst ging man allerdings davon aus, daß das Schiff nur bei besonderen Anlässen unter Dampf gesetzt werden und nicht im täglichen Einsatz stehen sollte.

Projektleiter Kloser gelang ein erster, entscheidender Schritt, indem er einen ständigen Liege- und Werftplatz für das Schiff im Hafen seiner Heimatgemeinde Hard zum symbolischen Pachtzins von öS 100 im Jahr organisieren konnte. Damit war die Grundvoraussetzung für die nun beginnende Arbeit geschaffen.

Erste Fachbetriebe begannen, sich an den Ausschreibungen zu beteiligen und boten preisgünstige, teilweise auch gesponserte Mitarbeit an.

Vom Kiesschiff „Hard" geschoben, bewegt sich die „Hohentwiel" am 15. November 1986 langsam aus dem Fussacher Hafen.

Linke Seite von oben nach unten: Herbst 1985. Noch ist über eine Wiederinstandsetzung keine Entscheidung gefällt worden. Die „Hohentwiel" rostet im Fussacher Werfthafen weiter vor sich hin.

15. November 1986. Die Restaurierung des zu einem trostlosen Wrack heruntergekommenen Schiffes kann beginnen. Letzte Vorbereitungen zum Verholen nach Hard zur Demontage werden getroffen.

Der aus dem Jahre 1949 stammende Namenszug am Steuerbord-Radkasten.

Unterdessen wurde von Landrat Klaus Henninger intensiv die Werbetrommel gerührt. Keine Messe, Ausstellung und Veranstaltung wurde ausgelassen, um nicht auf das Projekt „Hohentwiel“ hinzuweisen.

Der erste große Erfolg auf internationaler Ebene stellte sich am 15. November 1986 ein, als die Bodenseekonferenz beschloß, sich mit einer Summe von 1,4 Millionen Mark an den Instandsetzungskosten zu beteiligen. Doch die andere Hälfte mußte der Verein mit eigenen Mitteln und großem Einfallsreichtum selbst aufbringen.

Rings um den Bodensee tauchte ein stilvoll gestaltetes Plakat auf. Unter dem Titel „Unsere ‚Hohentwiel‘ soll wieder fahren!“ hing es in Schaufenstern von Einzelhandelsgeschäften, in den Räumen öffentlicher Behörden und in Gaststätten. Die obere Hälfte zeigte eine Aufnahme der noch jugendlichen „Hohentwiel“ aus den 20er Jahren bei der rückwärtigen Ausfahrt aus dem Bregenzer Hafen. Darunter konnte der Generalplan des Schiffes von Escher Wyss & Cie mit den wichtigsten technischen Daten begutachtet werden.

Damit hatte das Lebenswerk zweier Männer aus einem unterschiedlichen Metier begonnen, deren Namen stets eng mit dem „Abenteuer Hohentwiel“ verknüpft bleiben wird und das in der Schiffahrtsgeschichte des Bodensees ohne Beispiel sein dürfte: Landrat Klaus Henninger und Projektleiter Techn. Schiffsoffizier Reinhard E. Kloser.

Zunächst galt es, das Schiff zu entkernen. In den teilweise bitterkalten Wintermonaten 1986/87 wurde die „Hohentwiel“ von Fussach in den Harder Industriehafen geschleppt. Dabei kam die tragfähige Eisdecke, die sich bald um das Schiff bildete, den Demontagearbeiten der alten, zusammengerosteten Aufbauten zugute.

Links: Wie groß sind die Chancen für eine Rettung? Vereinspräsident Henninger, Hofrat Leidenfrost und Projektleiter Kloser während eines Gesprächs nach der Ankunft der „Hohentwiel“ in Hard am 15. November 1986.

Unten: Seit nunmehr 24 Jahren stehen die Zeiger der Dampfdruckmanometer auf „Null“. Nur die Zugklappenhebel, Wasserstandsgläser und Firmenschilder der Erbauerfirma legen noch ein beredtes Zeugnis vom einstigen „Schwerarbeiter“ der Bodenseeflotte ab.

Mit Hilfe eines Mobilkrans werden die durchgerosteten und nicht mehr verwendungsfähigen Radkästen vom Schiff gehoben.

Entbehrungsreiche Schwerstarbeit

Bei Minusgraden und Dauerfrost wurde die „Hohentwiel" bis in ihre letzten Eingeweide auseinandergenommen. Dabei wurde aus heutiger Sicht unter fast unzumutbaren Bedingungen gearbeitet. Dennoch konnten diese Abbrucharbeiten nicht mit den blindwütigen Methoden der 60er Jahre verglichen werden, wie sie damals von den Schrottunternehmen an den ausrangierten Dampfschiffen vorgenommen wurden. Abgebrochene Bauteile, jedes Einzelstück, jede Armatur, selbst einzelne Schraubenmuttern wurden sorgfältig entfernt und katalogisiert und zeichnerisch erfaßt. Da für die Wiederherstellung keinerlei Pläne oder Unterlagen mehr vorhanden waren, mußten Tausende von Zeichnungen und Skizzen neu angefertigt werden.

Von seiten des Vereinsvorstandes stand schon damals fest, die „Hohentwiel" in den klassischen Originalzustand von 1913 zurückzuversetzen. Somit konnte auf eine Instandsetzung der 1933 von der Bodanwerft Kreßbronn hinzugefügten Aufbauten, des trapezförmigen Vorschiffsalons und den Rauchersalon auf dem Oberdeck verzichtet werden. Beide befanden sich zwar in einem erbarmungswürdigen Zustand, sollten jedoch im weiteren Verlauf der Restaurierungsarbeiten an Land noch gute Dienste als Materiallager und improvisierte Werkstätte leisten. Die hier eingerichtete „russische Feldschmiede", wie sie von Reinhard E. Kloser bezeichnet wurde, bot zwar einen bescheidenen, aber immerhin wirkungsvollen Schutz.

Landrat Klaus Henninger hatte es sich inzwischen zur Aufgabe gemacht, das mittlerweile schon recht hoffnungsvolle Projekt gegen unsachgemäße Kritik und Querelen abzuschirmen.

Dabei mag es ihm ähnlich ergangen sein wie einst König Wilhelm I. von Württemberg im Jahre 1824. Dieser mußte ebenfalls die gesamte Kraft seines Amtes in die Waagschale werfen, um den Dampfbetrieb auf dem Bodensee durchzusetzen. Nach 162 Jahren ging es nun darum, dem Hauptverkehrsträger von einst ein würdiges und attraktives Denkmal zu setzen.

Einen jammervollen Anblick bieten die beiden freigelegten und bis auf das untere Drittel abgeschweißten Schaufelräder.

Links: Aus dem morschen Holz der hinteren Backbordgalerie sprießt ein Birkenbäumchen. Ein Symbol für den ungebrochenen Lebenswillen der „Hohentwiel"?

Trotz grimmiger Kälte gehen die Demontagearbeiten ununterbrochen weiter. Die feste, geschlossene Eisdecke, die sich im Januar 1987 um das Schiff bildet, erweist sich ungeachtet der Minusgrade als vorteilhaft, da die Vermessungs- und Demontagearbeiten auf dem Eis fortgeführt werden können.

Das vom Rost zerfressene, eingefrorene Schiff wirkt auch ohne Radkästen immer noch imposant.

Links: Nachdem keine Originalpläne mehr vorhanden sind, müssen sämtliche Originalteile vermessen und für ihre Nachbildungen Modellaufnahmen angefertigt werden.

Rechts: Alle morschen Planken und unbrauchbaren Fußböden sind entfernt. Dadurch öffnet sich ein interessanter Blick auf das Spantengerippe und das Zwischenschott im Achterschiff.

Das Abheben des alten Schornsteins läßt deutlich erkennen, daß diese Arbeiten keineswegs ungefährlich waren.

Oben: Die Dampfdome der beiden freigelegten Schiffsdampfkessel aus dem Jahre 1913.

Rechts: Am 19. Februar 1987 werden die alten, nicht mehr verwendungsfähigen je 18 Tonnen schweren Flammrohrkessel aus dem Schiffsrumpf gehoben. Bis zum Ende ihrer aktiven Laufbahn wurde die „Hohentwiel" wie alle deutschen Bodensee-Dampfschiffe noch mit Kohlen gefeuert.

Linke Seite: In diesem Zustand präsentiert sich das Schiff am 19. Februar 1987 nach dem Entfernen aller unbrauchbaren Teile und Aufbauten. Übriggeblieben sind nur noch der Rumpf, die Maschine und Teile des achteren Halbsalonaufbaus. Im Vordergrund sind die Kesselfundamente und die beiden Kohlenbunker sichtbar.

Blick aus dem vollständig demontierten Kesselraum zum Steuerstand der Maschine. Im Vordergrund Teile der Hauptdampf- und Speisewasserleitungen.

Auf der Werft in Fussach

Als das Frühjahr 1987 anbrach, waren die Demontagearbeiten der alten Aufbauten abgeschlossen. Von der bisherigen „Hohentwiel" waren nur noch Schiffsrumpf, Radkastenträger, Galerien und das Profil des typischen württembergischen Halbsalons im Achterschiff übriggeblieben. Die beiden kohlegefeuerten Original-Dampfkessel aus dem Jahre 1913 hatten während der Liegezeit derart gelitten, daß eine Restaurierung von vornherein nicht mehr in Betracht kam.

Der total zusammengerostete, noch aus dem Jahre 1913 stammende Schornstein war während der Demontage auseinandergebrochen. Auch hier kam wie bei den anderen Aufbauten nur eine Neuanfertigung in Betracht.

Am 22. April 1987 wurde der ausgeweidete und bis auf die Scheuerleiste abgetakelte Schiffsrumpf wieder nach Fussach geschleppt. Auf der Schräghelling der ÖSWAG-Werft wurde die nunmehr fast 30 Jahre ununterbrochen im Wasser liegende Schale mit Sandstrahlgeräten gereinigt, wobei im Schiffsboden faustgroße Löcher zum Vorschein kamen.

Mehr als 130 qm Schalenbleche im Bereich des Schiffsbodens und des Wasserpasses sowie über 50 qm Schottwandbleche waren zu ersetzen. Erst nach diesen Arbeiten konnte innen wie außen ein solider Schutzanstrich aufgetragen werden. Diese erste Instandsetzungsphase wurde im Sommer 1987 durch einen außergewöhnlichen Hochwasserstand behindert. Als am 19. Juli nach sintflutartigen Regenfällen der Rheindamm brach, mußten die Arbeiten zeitweilig ganz unterbrochen werden, da das gesamte Fussacher Werftgelände unter Wasser stand. Erst gegen Ende August konnte wieder in vollem Umfang ans Werk gegangen werden.

Bei diesem Instandsetzungsabschnitt wurde bereits von Anfang an die Schiffsklassifikations-Gesellschaft „American Bureau of Shipping" (ABS) hinzugezogen. Ihre Aufgabe bestand in einer eingehenden Überprüfung und Dokumentation, vor allem aber auch in nach strengen Maßstäben durchzuführenden Werkstoffanalysen. Bei sämtlichen technischen Arbeiten konnte somit eine qualitativ hochstehende Ausführung sichergestellt werden. Damit entsprach die Instandsetzung den Bau- und Klassifikationsvorschriften des ABS als weltgrößte Gesellschaft in dieser Fachrichtung.

Das District-Office des ABS sollte zunächst nur als Bauaufsicht für die beiden sich bei der Firma Huggler in Arbeit befindlichen neuen Kessel herangezogen werden. Aber die Schiffsingenieure Peter J. Denk, Martin E. Uhlig und Roman Schaffer zeigten in hohem Maße ein persönliches Interesse am außergewöhnlichen Schicksal der „Hohentwiel", daß sie sich uneigennützig bereiterklärten, auch in den übrigen Bereichen der Restaurierung mitzuwirken. Dank weitreichender Beziehungen zu zahlreichen Schiffbaufirmen und Unterlieferanten unterstützten sie engagiert und voller Begeisterung die großartige Sache.

Erste Sandstrahlreinigung der Schiffsschale nach 29 Jahren.

Rechte Seite oben: Instandsetzungsarbeiten an den Stabilitätswülsten und an der Außenhaut. Es müssen mehr Bleche ersetzt werden, als ursprünglich angenommen. Deutlich sichtbar sind der Wellenstummel und das Lager des Backbord-Schaufelrades sowie die Rahmenträger des Radkastens.

Unten: Schweißarbeiten außerhalb des Schiffsrumpfes. Im Vorschiff ist bereits das Querrohr für das Bugstrahlruder als wichtige zukünftige Manövrierhilfe eingebaut.

Projektleiter Kloser fand außerdem in Hofrat Dipl. Ing. Johannes Leidenfrost, dem amtlichen Sachverständigen für das Schiffahrtswesen im Lande Vorarlberg, einen überaus kundigen, zuvorkommenden und im Schiffbau sehr erfahrenen Mentor. Seien es peinlich genaue Materialproben und technische Abnahmen von seiten der ABS-Ingenieure, präzise Aufnahmezeichnungen des Schiffskörpers von Johannes Leidenfrost und vieler anderer Personen, die dem Projektleiter hilfsbereit zur Seite standen – zahlreiche Arbeiten wären nicht realisierbar gewesen.

Auf die 1933/34 angebrachten Stabilitätswulste sollte auch im „zweiten Leben" der „Hohentwiel" nicht verzichtet werden. Wie richtig und wie positiv dieser Entschluß sein sollte, stellte sich erst nach der Wiederinbetriebnahme heraus. Das ursprüngliche Mehrgewicht der nun nicht mehr vorhandenen Decksalon-Aufbauten konnte durch den pflichtgemäßen Einbau von Fäkalientank, Vorratsräumen unter dem Halbsalon und anderen Einrichtungen weitgehend egalisiert werden. Außerdem verzeichnete das Schiff durch die Beibehaltung dieser Anbauten eine überdurchschnittliche Stabilität, was sich nach den ersten Krängungsversuchen herausstellen sollte.

Etwa parallel zu den Konservierungsarbeiten am Schiffsrumpf wurde die Renovierung der Maschinenanlage vorgenommen. Das Tochterunternehmen der Firma Escher Wyss & Cie in Ravensburg fühlte sich zwar als ehemalige Herstellerfirma einer ihrer leistungsstärksten Heißdampf-Maschinenanlagen traditionsgemäß zu einer Sanierung verpflichtet, doch aus Kostengründen mußte der Verein von einem Auftrag Abstand nehmen, um seine finanziellen Möglichkeiten nicht vollends zu erschöpfen.

Projektleiter Kloser blieb nun keine andere Wahl, als die Maschinenanlage in eigener Regie und unter denkbar bescheidenen Voraussetzungen an Ort und Stelle instandzusetzen. Doch einmal mehr zeigten sich heimische Industrieunternehmen wie Dornier in Lindau, die Zahnradfabrik Friedrichshafen, die Pumpenfabrik G. Allweiler in Radolfzell, Doppelmayer in Wolfurt, ja selbst die Bayerischen Motorenwerke (BMW) in München, vor allem aber auch die Escher Wyss Zweigbetriebe in Ravensburg und Lindau als wohlwollende und bereitwillige Helfer. Große Unterstützung wurde auch vom Technischen Überwachungsverein Dornbirn geleistet.

Alle beweglichen Maschinenteile wurden mit Ultraschallgeräten auf etwaige Anrisse, Fehlerhaftigkeit oder Materialermüdungen untersucht. Wo auch immer eine Unregelmäßigkeit entdeckt wurde, entschloß man sich konsequenterweise zur Neuanfertigung des betreffenden Teiles. Besonders an den Triebwerksteilen mußte nach den bei der Seefahrt üblichen Maßstäben „Safety-First" gearbeitet werden.

Ausgetrennte Bodenplatten im Vorschiffsbereich.

Fast über die ganze Länge der Stabilitätswülste müssen die Schalenbleche am Wasserpaß erneuert werden.

Im November 1987 waren die Erneuerungsarbeiten in Fussach im Bereich der Außenhaut soweit abgeschlossen, daß nun die endgültige Abnahmeprüfung durch das ABS vorgenommen werden konnte. Die penible Genauigkeit des Surveyors stellte zwar die Geduld des Werftpersonals auf eine harte Probe, letztlich waren diese Prüfungen jedoch unvermeidlich, denn die „Hohentwiel" sollte als solides und in jeder Beziehung seetüchtiges Fahrzeug ihren neuen Lebensabschnitt beginnen und außerdem den Bauvorschriften der Klassifikationsgesellschaft entsprechen.

Alles in allem konnten nach diesen Arbeiten Projektleiter Kloser und sein Mitarbeiterstab etwas durchatmen. Aber eine weitere, wesentliche Hürde war noch vor dem Jahreswechsel zu nehmen. Am 26. November wurden die beiden instandgesetzten und vervollständigten Schaufelräder auf die Radachsen aufgezogen. Diese waren seinerzeit für die gastronomische Nutzung des Schiffs im Bregenzer Segelhafen auf beiden Seiten innerhalb des Radkastens abgetrennt worden. Der dadurch gewonnene Raum war als Getränkelager genutzt worden. Von den Schaufelrädern blieb jeweils nur das untere Drittel erhalten.

Zu diesem Anlaß wurden Presse, Funk und Fernsehen eingeladen, um sich an Ort und Stelle vom Fortschritt der Arbeiten zu überzeugen. Die Radschaufeln mit einer Länge von je 2600 Millimetern und die Steuergestänge konnten allerdings erst zu einem späteren Zeitpunkt eingepaßt werden.

Am 23. Dezember 1987, einem kalten Wintertag, bewegte sich ein höchst seltsames Gefährt von Fussach in Richtung Hard. Im bleichen Schein der tiefstehenden Wintersonne schob sich ein grauer Schiffsrumpf, von dem sich nur die beiden mächtigen Schaufelräder abhoben, wie ein „Fliegender Holländer" über den See. Auf dem Bugschanzkleid strahlte ein kleiner Christbaum. Die Erkenntnis, daß der Dampfer jetzt echte und sichtbare Fortschritte machte, löste nicht nur bei den Hauptinitiatoren eine weihnachtliche Stimmung aus.

Das Einpassen erfordert Millimeterarbeit und gutes Augenmaß. Die Radschaufeln und das Verstellgestänge werden jedoch erst im Januar 1988 nach der Rückkehr in Hard montiert.

Linke Seite: Im November 1987 werden die instandgesetzten Schaufelräder angeliefert und heiß auf die Wellenstummel aufgezogen.

Linke Seite: Einen Tag vor dem Heiligabend 1987 trifft der innen wie außen gründlich restaurierte Schiffsrumpf wieder in Hard ein.

Montage der Radschaufeln in Hard, Januar 1988.

Links unten: Während der ersten Werftliegezeit in Fussach wird die Maschine total zerlegt. Ausbau der Kolben am Hoch- und Niederdruckzylinder. Sehr schön zur Geltung kommen hier die unterschiedlich großen Zylinder der Verbundmaschine. Im Vordergrund die abgetrennte Kolbenstange des Hochdruckzylinders.

Rechts unten: Die vorgefertigten kompletten Radkästen werden auf die Galerien gehoben.

Werksaufnahme der beiden neuen Schiffsdampfkessel.

Rechts: Die beiden neuen, je 18 Tonnen schweren Schiffsdampfkessel werden am 26. April 1988 an Bord montiert.

Rechte Seite: Ein weiterer Schritt zur Vervollständigung der ursprünglichen Silhouette von 1913 wird durch das Aufsetzen des original rekonstruierten Schornsteins am 16. Juni 1988 getan. Zu diesem Zeitpunkt schließt bereits die charakteristische Rotonde den Mittschiffsbereich ab.

MOBILKRAN

Fieberhafte Suche nach Pankoks Plänen

Inzwischen hatte der Vereinsvorstand beschlossen, analog zur äußeren, ursprünglichen Silhouette auch die Innenräume dem Original entsprechend auszugestalten. Doch alle Unterlagen über die „Hohentwiel" blieben unauffindbar. Vermutlich waren sie, wie zahlreiches und wertvolles anderes Material auch der Feuersbrunst des Zweiten Weltkrieges zum Opfer gefallen.

Gerade noch rechtzeitig konnten Dr. Margit Früh aus Frauenfeld und Benito Boari als Denkmalpfleger der Kantone Thurgau und St. Gallen die Original-Unterlagen des unglücklichen Schwesterschiffes „Friedrichshafen" im Stuttgarter Staatsarchiv ausfindig machen. Auf diese Weise fand man zu dem vernünftigen Kompromiß, den Haupt- und Rauchersalon im Stil der 1909 erbauten „Friedrichshafen" einzurichten. Aus denkmalpflegerischer Sicht eine durchaus vertretbare Lösung, da Inneneinrichtungen und Sitzplatzanordnung der ab 1890 erbauten württembergischen Dampfer nahezu identisch waren. Der Salon I. Klasse der „Hohentwiel", eingerichtet von Professor Hans von Heider, lehnte sich bis auf geringfügige Abweichungen an Professor Bernhard Pankoks Entwürfe auf der „Friedrichshafen" an. Dabei sei auch hinzugefügt, daß nachträgliche Behauptungen von mutmaßlich berufener Seite, die Inneneinrichtung der „Hohentwiel" wäre schlichter gestaltet gewesen als jene der „Friedrichshafen", in keiner Weise den Tatsachen entsprechen. Es sind zwar gewisse Unterschiede festzustellen, die in Anbetracht der getroffenen Entscheidungen bei der Restaurierung der „Hohentwiel" jedoch unerheblich sind. Außerdem konnte auf diese Weise dem Schwesterschiff, das ja am 28. April 1944 dem Krieg zu Opfer gefallen war, in diesem Rahmen und ohne Mehraufwand ein verdientes Andenken geschaffen werden.

Die Schiffsausrüstungsarbeiten beginnen

Am 24. März 1988 konnte ein weiterer, entscheidender Fortschritt verzeichnet werden. Mit Hilfe eines großen Teleskop-Krans wurden die beiden, mehrere Tonnen schweren und komplett neuangefertigten Radkästen auf die Galerien gehievt.

Fast auf den Tag genau einen Monat später senkten sich die beiden neuen, silberglänzenden Marinekessel in den Schiffsrumpf. Die Firma Huggler aus Lauterach lieferte auch den 8,80 Meter hohen Schornstein, der am 16. Juni 1988 aufgesetzt und eingepaßt wurde. Damit war die charakteristische Silhouette des klassischen württembergischen Länderbahn-Dampfers ihrer Vollendung um einen entscheidenden Schritt nähergekommen. Nun ging es zum Auftragen des Rumpfanstriches wenige Tage später wieder hinüber nach Fussach.

Als die „Hohentwiel" nach abgeschlossenen Werftarbeiten und mit schwarzem Rumpfanstrich am 2. September 1988 bei strahlendem „Kaiserwetter" wieder nach Hard zurückgeschleppt wurde, flatterten zum ersten Mal die bunten Signalwimpel der Flaggengala in einer lauen, spätsommerlichen Brise. Eine Armada von Sportbooten begleitete den zwar erst halbfertigen, aber bereits recht stattlich wirkenden Dampfer. Auch das Fahrgastschiff „Lindau", das auf seiner zweistündigen Rundfahrt seine Kreise zog, begrüßte das wiedererstandene Schiff mit aufheulendem Typhon. Der deutsche Kapitän zeigte sich nicht wenig überrascht, als die „Hohentwiel" mit einem Dreiklangton antwortete. Verborgen blieb ihm jedoch die Tatsache, daß die Signalpfeife nur an einem Kompressor angeschlossen war.

Aber Projektleiter Kloser und sein Team hatten sich noch eine weitere Überraschung ausgedacht. Gleichermaßen als Attraktion sowie zur Überprüfung der Kurbelwellenlager ließ man bei dem schiebenden Kiesschiff die Motorenanlage auf Vollast laufen, um dadurch die Schaufelräder in Bewegung zu setzen. Dies konnte natürlich nur bei ausgehängten Pleuelstangen erfolgen. Der sichtbare und wohlgelungene Effekt wurde noch zusätzlich durch den Propellerstrahl eines vor dem Backbord-Schaufelrad vertäuten Motorbootes verstärkt. Auch diese, rein äußerlich als „Showeinlage" anmutende Erprobung war von Erfolg gekrönt, denn kein Lager lief dabei heiß und Uneingeweihte glaubten tatsächlich, die Maschine hätte bereits unter Dampf gestanden.

Im Harder Hafen wurde dem abermals heimgekehrten Dampfer ein triumphaler Empfang bereitet. Dichte Menschenmengen drängten sich an der Uferpromenade, Boote mit begeisterten „Fans" umringten den Dampfer. Am Hafen hatte Bäckermeister Leo Sauter aus Konstanz sein gut gelungenes detailgerechtes Modell der „Hohentwiel" ausgestellt, damit sich alle Interessenten von dem zukünftigen Aussehen des Schiffes überzeugen konnten.

Die schiffbaulichen Arbeiten waren nun ein gutes Stück vorangekommen. Als nächster Schritt mußte die Neubeplankung der Decksflächen erfolgen. Das bei Hamburger Holzimporteuren bestellte Pitchpine-Holz verursachte allerdings einen kleinen Aufruhr bei verschiedenen politischen Gruppierungen. Mehrmals wurde auf den Raubbau der Tropenwälder hingewiesen. Doch waren sich diese Kritiker nicht darüber im klaren, daß sich Pitchpine-Holz seit Jahrhunderten im Schiffsbau bewährt hatte und nahezu alle Handelsschiffe wie auch die früheren Bodenseedampfer mit Pitchpine oder Oregonpine beplankt wurden.

Selbst für Bodensee-Motorschiffe modernerer Bauart wie die „Stuttgart" und die „München" wurden bei Generalüberholungen in den 80er Jahren solche Hölzer zur Neubeplankung der Ober- und Sonnendecks verwendet. Denn diese Nutzhölzer stammen aus speziellen Plantagen in Honduras, die regulär bewirtschaftet und aufgeforstet werden. Der hohe Harzgehalt gewährleistet eine lange Lebensdauer, weshalb sich das Pitchpine-Holz ausgezeichnet für den Schiffbau eignet.

Rückkehr der „Hohentwiel“ von Fussach zur dritten und letzten Ausrüstungsetappe im September 1988 nach Hard. Zum ersten Mal wird das Schiff mit einer Flaggengala geschmückt.

Der Meinungsumschwung innerhalb des Vereinsvorstandes, die „Hohentwiel“ nun doch als täglich einsetzbares Fahrgastschiff zu verwenden, führte durch zusätzliche technische Anlagen, die hierfür unbedingt erforderlich waren, zu erheblichen Kostensteigerungen, die den Verantwortlichen einiges Kopfzerbrechen bereiteten. Bei diesen Mehrkosten hatten ganz besonders auch der nicht vorhersehbare Zustand des Schiffskörpers und der Austausch von nahezu 200 qm Schalen- und Schottwandblechen sowie die Inneneinrichtung nach Pankoks Originalplänen zu Buche geschlagen.

Zwar fanden der Vereinspräsident, die Vorstandschaft und der Projektleiter zusammen mit den Ingenieuren des ABS immer wieder Mittel und Wege, neue Sponsoren und Gönner aufzutreiben, um die unvermeidlichen Mehrkosten zu lindern. Trotzdem wurde das Schiff nun aber um rund 1,5 Millionen D-Mark teurer als ursprünglich veranschlagt. Unermüdlich bemühten sich Landrat Henninger und die Vorstandschaft um neue Mitglieder. Dank der Unterstützung heimischer und namhafter auswärtiger Industriebetriebe konnten zahllose maschinelle Teile häufig zum Nulltarif angefertigt werden. Selbst im fernen Hamburg leistete die Firma Interschalt mit Geschäftsführer Peter Pappenheim nicht nur bei der Installierung sämtlicher elektrischer Schiffsschaltanlagen großartige Unterstützung. Auch bei der Hamburger Reederei F. Laisz war der einstige leitende Ingenieur und zwischenzeitliche „Hohentwiel“-Projektleiter Kloser nicht in Vergessenheit geraten. Auch hier wurde wertvolle Hilfe geleistet. Käptn F. Graul, der frühere Fahrenskamerad, ließ keine Gelegenheit verstreichen, um nicht irgendwo maschinelles und nautisches, für die „Hohentwiel“ geeignetes Gerät aufzutreiben.

Dennoch blieben die Mehrkosten zu diesem Zeitpunkt eine nahezu unüberwindliche Hürde auf dem Weg zur Fertigstellung des Schiffes. Trotzdem ging der Ausbau zügig voran. Als das Frühjahr 1989 anbrach, waren die Decksarbeiten weitgehend abgeschlossen. Auch die Salonfenster waren bereits komplett eingebaut. Im April wurden das Steuerhaus und der 17 Meter hohe Großmast aufgesetzt. Damit hatte sich nun die äußere Silhouette der „Hohentwiel“ vervollständigt.

Beim Aufrichten des Mastes, der in früheren Zeiten auf dem Bodensee als Signalträger diente, erwies sich Projektleiter Kloser als echter Hüter altüberlieferter schiffbaulicher Traditionen. Bevor der Mast in die Halterung eingefügt wurde, bat er Landrat Henninger um ein Markstück. Ohne zu zögern öffnete der Vereinspräsident sein Portemonnaie und übergab Reinhard Kloser die blanke Münze, damit er sie in den Mastschuh einfügen konnte. Landrat Henningers Markstück sollte sich später als ein echter Glücksbringer für den wirtschaftlichen Betrieb der „Hohentwiel“ erweisen, doch stand dies damals noch alles in weiter Ferne.

Da man bei den Vereinigten Schiffahrtsverwaltungen von Bodensee & Rhein eine „Hohentwiel“ nur nach eigenen, für den Verein jedoch weniger akzeptablen Bedingungen übernehmen wollte, beschloß die Vorstandschaft im Juni 1989, eine eigene Betriebsgesellschaft ins Leben zu rufen. Die Gründung der Gesellschaft kam jedoch erst im September 1989 zustande. Diese wurde gemeinsam mit der Gemeinde Hard nach österreichischem Recht gegründet. Gleichzeitig bemühte sich der Verein auch um eine österreichische Schiffahrtskonzession zur Ausführung von Gelegenheits- und Charterfahrten.

Zu einem besonders schönen Ereignis gestaltete sich das Wochenende vom 27. Mai 1989. Am vorangegangenen Freitag hatten zwei rauchende Schleppzüge Aufsehen erregt, die in den frühen Nachmittagsstunden den Lindauer Hafen verließen. Zwei Schraubendampfboote, die „Stephanie“ und „Theansa“ des „Deutschen Dampfbootvereines“, brachten die von der Bootswerft Wagner in Bodman gefertigten Rettungsboote der „Hohentwiel“ nach Hard. Nach wenigen Stunden hingen die wunderschön gefertigten Klinkerboote ordnungsgemäß an den Davits auf den Radkästen und am Achterschiff. Das Dampfboot

Am 14. April 1989 wird das neue Steuerhaus auf das Bootsdeck gehoben.

Unten: Nach dem Verlegen werden die Fugen zwischen den Planken sorgfältig mit synthetischem Spezialgummi abgedichtet und verschlossen.

Linke Seite oben: Auf dem Salondeck wird mit der Verlegung der Pitchpinebeplankung begonnen.

Unten: Jede einzelne Planke, wie hier im Achterschiffsbereich, muß mit den Decksbalken fest verschraubt werden.

Die äußere Silhouette der „Hohentwiel" ist nun fast vollendet. Anläßlich der Jahreshauptversammlung des Vereins „Internationales Bodensee-Schiffahrtsmuseum e.V." 1989 wird sie, über die Toppen geflaggt, den Mitgliedern präsentiert.

„Stephanie“ blieb das Wochenende über in Hard, wo es ausgedehnte Hafenrundfahrten unternahm. Der Erlös dieser Fahrten kam dem Museumsverein zugute.

Das äußere Erscheinungsbild der „Hohentwiel“ war nun beinahe vollständig, aber eben nur beinahe. Denn die beiden stolzesten württembergischen Dampfschiffe „Friedrichshafen“ und „Hohentwiel“ hatten einst kunstvolle, von Bernhard Pankok geschaffene Wappenschilder an den Radkästen besessen, die die Zugehörigkeit dieser Schiffe zum Königreich Württemberg klar erkennen ließen.

Vergleichbar gestaltete Radkastenwappen besaßen nur noch die bayerischen Dampfer „Wittelsbach“, „Prinzregent“, „Rupprecht“ und „Lindau“. Alle diese wunderschönen Attribute verschwanden im Zweiten Weltkrieg von den Radkästen, denn Bronze galt als wertvolles, kriegswichtiges Material. Auch hatte man während des damaligen Regimes kaum mehr einen Sinn für die ehemalige königliche Eleganz.

Als Vorlage für das Radkastenwappen der „Hohentwiel“ war nur die Reproduktion eines kleinen Fotos vorhanden, das einem Artikel über den Dampfer „Friedrichshafen“ aus der Zeitschrift „Dekorative Kunst“ vom Dezember 1909 entnommen war. Dieses kleine Foto wurde nun auf die Originalgröße der Wappen von vier Metern Länge und einem Meter Höhe reproduziert. Es diente dem Meisterschüler Norbert Däuber von der Akademie der Bildenden Künste in München, der aus Berchtesgaden stammt, als Vorbild für die Herstellung des aus Lindenholz gefertigten Gußmodells.

Dem findigen ABS-Surveyor Martin Uhlig gelang es, Beziehungen zu den „Fürstlich Hohenzollerischen Hüttenwerken“ in Lauchertal bei Sigmaringen zu knüpfen. Dort wurde das Schiffswappen vom Fachpersonal originalgetreu für die „Hohentwiel“ gegossen. Mitte Oktober prangten zu beiden Seiten der Radkästen die detailgetreu nachgebildeten Wappenschilder aus je 1,5 Tonnen schwerer Marinebronze auf rotem Grund. Gleichzeitig wurden die ebenfalls bronzenen Lettern des ursprünglichen Namenszuges montiert.

Auf der Internationalen Bodenseekonferenz, am 3. November 1989, konnten die Teilnehmer aller drei Anliegerstaaten ein weitgehend fertiggestelltes Schiff bewundern. Nach mehr als 20 Jahren lag wieder ein Dampfschiff im Bregenzer Bundesbahnhafen. Es sollte das letzte Mal sein, daß die „Hohentwiel“ mit Schlepperhilfe eine Reise unternahm. In diesen Tagen boten der elegant wirkende Halbsalondampfer und die dem modernen, heutigen Standard entsprechende „Vorarlberg“ aus dem Jahre 1965 einen interessanten Kontrast.

Bei diesem Aufenthalt in Bregenz ging es jedoch nicht darum, einen Vergleich zwischen der Schiffbaukunst von einst und jetzt anzustellen, sondern die Teilnehmer der Internationalen Bodenseekonferenz von der Notwendigkeit der entstandenen Mehrkosten zu überzeugen. Das beinahe vollendete Meisterwerk verfehlte die erhoffte Wirkung keineswegs. Die Kostensteigerung wurde einstimmig akzeptiert und ihre Mitfinanzierung in Höhe der Hälfte der Gesamtsumme beschlossen. Die andere Hälfte ging einmal mehr zu Lasten des Vereins „Internationales Bodensee-Schiffahrtsmuseum“. Mit nachhhaltigem Erfolg konnten noch einmal neue Mitglieder geworben werden.

Auf diese Weise konnte die schwere und oft an eine übergroße Last grenzende Bürde, die nun seit Jahren vom Projektleiter getragen wurde, wenigstens etwas erleichtert werden. Sicherlich lag es auch nicht im Interesse des Vereins, das beinahe vollendete Werk in buchstäblich letzter Minute noch Schiffbruch erleiden zu lassen. Es würde ganze Seiten füllen, um all die uneigennützigen und bereitwilligen Helfer aufzuführen, die sich spontan und ohne auf persönliches Prestige bedacht zu sein, in den Dienst dieser einmaligen Sache stellten.

Ermutigend auch ein Schreiben des ehemaligen Chefkonstrukteurs der Bodan-Werft, Werner Beuter, vom 20. November 1989, in dem es unter anderem heißt: „...Das ist wirklich erstklassige, weil sachkundig und sorgfältig ausgeführte Arbeit. Daß das nicht nur für die jetzt sichtbare Oberfläche gilt, sondern auch für die darunter liegende Konstruktion, konnte ich bei einem früheren Besuch schon feststellen.

Es ist höchst erstaunlich, was mit den verhältnismäßig geringen Geldmitteln zustande gebracht worden ist. Wenn auch Sachspenden und sonstige Unterstützung durch verschiedene Firmen die Kosten gesenkt haben, so ist ein so hervorragendes Ergebnis nur durch gut überlegte und fachmännische Planung und Organisation bei der Ausführung möglich. Mein Lob für alle Beteiligten!

Als ehemaliger Chefkonstrukteur der Bodan-Werft – zahlreiche nach dem Krieg für den Bodensee und für Schweizer Seen gebaute Fahrgastschiffe sind meine Konstruktionen – kann ich das beurteilen...“

Dank der völlig unorthodoxen Instandsetzungsweise konnte das Schiff zu einem Gesamtbetrag von knapp DM 4,3 Millionen wiederhergestellt werden. Vergleichsweise müßte eine Werft für diesen Arbeitsumfang 12–14 Millionen berechnen.

Ende November konnten unter der Leitung von Ministerialrat Dipl. Ing. P. Leinschitz und Ing. W. Brauner der obersten Schiffahrtsbehörde in Wien und im Beisein der Surveyors von ABS die umfangreichen Krängungsversuche vorgenommen werden. Unter strengster Berücksichtigung aller Sicherheitsbestimmungen wurde die Gesamttragkraft auf 700 Personen festgelegt. Anschließend wurden auch die beiden Kessel vom Technischen Überwachungsverein und der ABS-Klassifikations-Gesellschaft noch einmal auf „Herz und Nieren“ geprüft.

Nun war es an der Zeit, dem weitgehend fertiggestellten Dampfschiff seine Seele einzuhauchen. Am 11. Dezember 1989 wurden zum ersten Mal die beiden Kessel angefahren. Sie funktionierten zur vollen Zufriedenheit aller Beteiligten, die jetzt befreit aufatmen konnten. Längst hatte das Projekt „Hohentwiel" auch in der benachbarten Schweiz von sich reden gemacht. Vom „Dampfer-Dorado" Vierwaldstätter See kam der ebenso sachkundige wie beliebte Obermaschinist „Heimo" Haas mit seinem Kapitän Beat Kallenbach vom Dampfschiff „Unterwalden". Beide waren bereits zu Beginn der Probefahrten dabei.

Am Nachmittag des 29. Dezember wurde die Dampfmaschine langsam vorgewärmt. Dabei ging man sehr behutsam vor. Denn es war ja keineswegs sicher, daß alles auf Anhieb funktionieren würde. Sämtliche Leitungen wurden vorsichtig mit Dampf gefüllt und entwässert.

Nur sehr behutsam sollte die Wärme in alle alten Teile steigen, denn seit die Maschine zum letzten Mal unter Dampf stand, waren mehr als 27 Jahre vergangen. In den Abendstunden des 29. Dezember 1989, um 18.10 Uhr, war es soweit. Alle Beteiligten, die jetzt im Maschinenraum versammelt waren, hatten jahrelang auf diesen Augenblick gewartet. Man blickte sich gegenseitig an und lauschte andächtig, als der Projektleiter den langen Hauptdampfhebel öffnete und Dampf in die Maschine strömen ließ. Und sie begann sich zu bewegen!

Das stählerne Herz der „Hohentwiel" aus dem Jahre 1912, das seit 1962 stillgestanden hatte, lief wieder an. Fast geräuschlos, zuerst ein paar Zuckungen hin und her, dann um die eigene Achse. Die achtere Leine und Spring strafften sich. Dann drehten sich die Schaufelräder über zwei Stunden lang. Vorwärts und rückwärts. Aber nun wollte man es genau wissen. Vorsichtig und gefühlvoll wurde jetzt angefahren, immer mit vollem Pfahlzug und etwa zwölf Umdrehungen pro Minute. Die Mannschaft hatte jetzt natürlich alle Hände voll zu tun. Nun hieß es ölen, ölen und nichts als ölen, denn die noch kaum eingelaufenen Lager und Bolzen wollten gut geschmiert sein. Schmieren und kühlen war jetzt äußerst wichtig, damit sich alles gut anpassen und gut einlaufen konnte.

Mit dem Vakuum im Kondensator gab es noch gewisse Probleme, irgendwo schnüffelte dieser noch etwas Luft. Aber Lager und Zapfen blieben kalt, hier war alles problemlos. Man stellte auch fest, daß die eine oder andere Entwässerungsleitung anders verlegt werden mußte. Der undichte Hahn an der Vakuumpumpe wurde ebenfalls bald bemerkt. Als man die Maschine am Tag darauf wieder anfuhr, war alles schon beinahe zur Routine geworden.

Der Zeiger des Vakuum-Manometers ruckte schon in fast beängstigender Weise der Marke von 760 Millimeter Quecksilber negativ, also vollständigem Vakuum, näher. Mehr geht bekanntlich nicht. „Alles viel zu gut!", lautete der Kommentar von einem Beteiligten, der es wissen mußte.

Damit waren alle Erwartungen übertroffen. Sämtliche Arbeiten an der Maschinenanlage waren vortrefflich und auf Anhieb gelungen. Projektleiter Reinhard E. Kloser konnte mit den herzlichsten Glückwünschen ins Neue Jahr 1990 entlassen werden.

Im Mai 1989 treffen die rekonstruierten Rettungsboote ein und werden an den Davits festgemacht.

Rechte Seite: Norbert Däuber, Meisterschüler der Bayerischen Akademie der Bildenden Künste, beim Herstellen der hölzernen Gußform für die Radkastenwappen in seinem Atelier.

Das in drei Teilen ausgegossene, 1,5 Tonnen schwere Königlich Württembergische Wappen wird auf die purpurrote Grundfläche montiert.-

Die Radkastenwappen der „Hohentwiel" leuchten wieder in altem Glanz.

FURCHTLOS

FURCHTLOS
UND
TREW
HOHENTWIEL

Montage des 2,5 Tonnen schweren Niederdruckkolbens der Dampfmaschine.

Mitte links: Detailansicht des Triebwerkes der Escher-Wyss-Dampfmaschine.

Mitte rechts: Endmontage der Dampfmaschine.

Rechts: Aus Hamburg ist die Schiffsschaltanlage zum Einbau in den Maschinenraum eingetroffen.

Schiffsdaten der „Hohentwiel“ nach der Instandsetzung von 1986 bis 1990

Technische Daten:

Bauwerft:	*Escher Wyss & Cie. Zürich u. Ravensburg*
Auftraggeber:	*Königl. Württembergische Dampfschiffahrtsgesellschaft*
Indienststellung:	*Mai 1913*
Länge in der CWL:	*53,50 m*
Länge ü.a.:	*56,84 m*
Breite am Hauptspant:	*6,52 m*
Breite ü.a.:	*13,16 m*
Seitenhöhe:	*2,76 m*
Tiefgang leer:	*1,36 m*
Tiefgang beladen:	*1,60 m*
Verdrängung leer:	*295 t*
Verdrängung beladen:	*365 t*
Cap. Brennstofftank:	*14,7 t*
Tiefertauchung p.cm:	*2,917 t*
Anzahl d. Schotten:	*6 + 1 Halbschott*
Dienstgeschwindigkeit:	*20 km/h = 10,8 sm/h*
Geschwindigkeit max.:	*31 km/h = 16,74 sm/h*
Höchstzulässige Personenzahl:	*700*
Besatzung:	*Kapitän* *Ltd. Maschinist* *Steuermann* *II. Maschinist* *Bootsmann* *Matrose*
Rettungsmittel:	
Rettungsboote:	*3 Stück (40 Pers.)*
Rettungsmittel:	*640 Stück Schwimmwesten* *62 Stück Rettungsringe*
Rettungsmittel ges.:	*für 742 Personen*

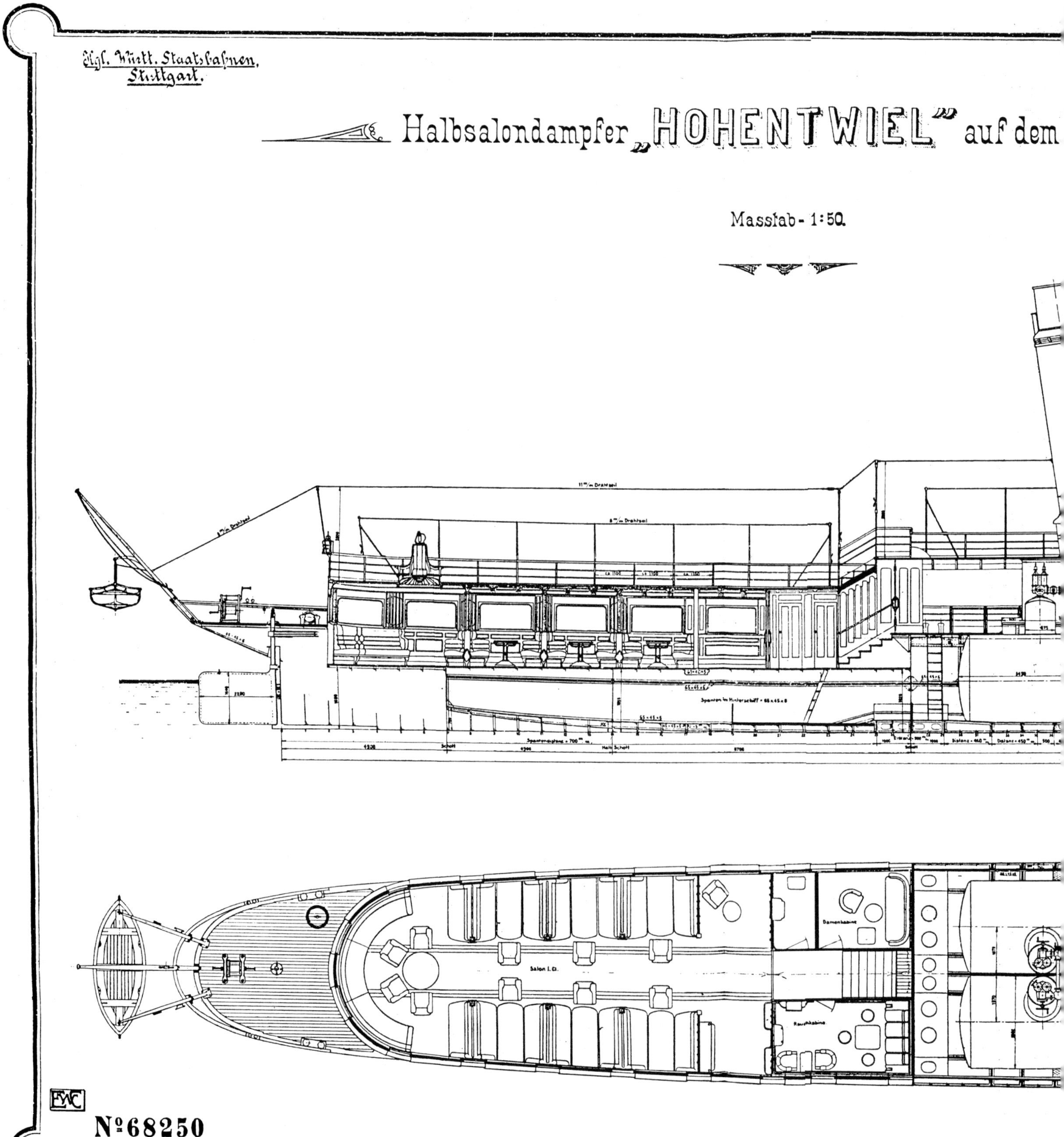
Kgl. Württ. Staatsbahnen,
Stuttgart.
Halbsalondampfer „HOHENTWIEL" auf dem
Masstab - 1:50.
Salon I. Cl.
Damenkabine
Rauchkabine
№ 68250

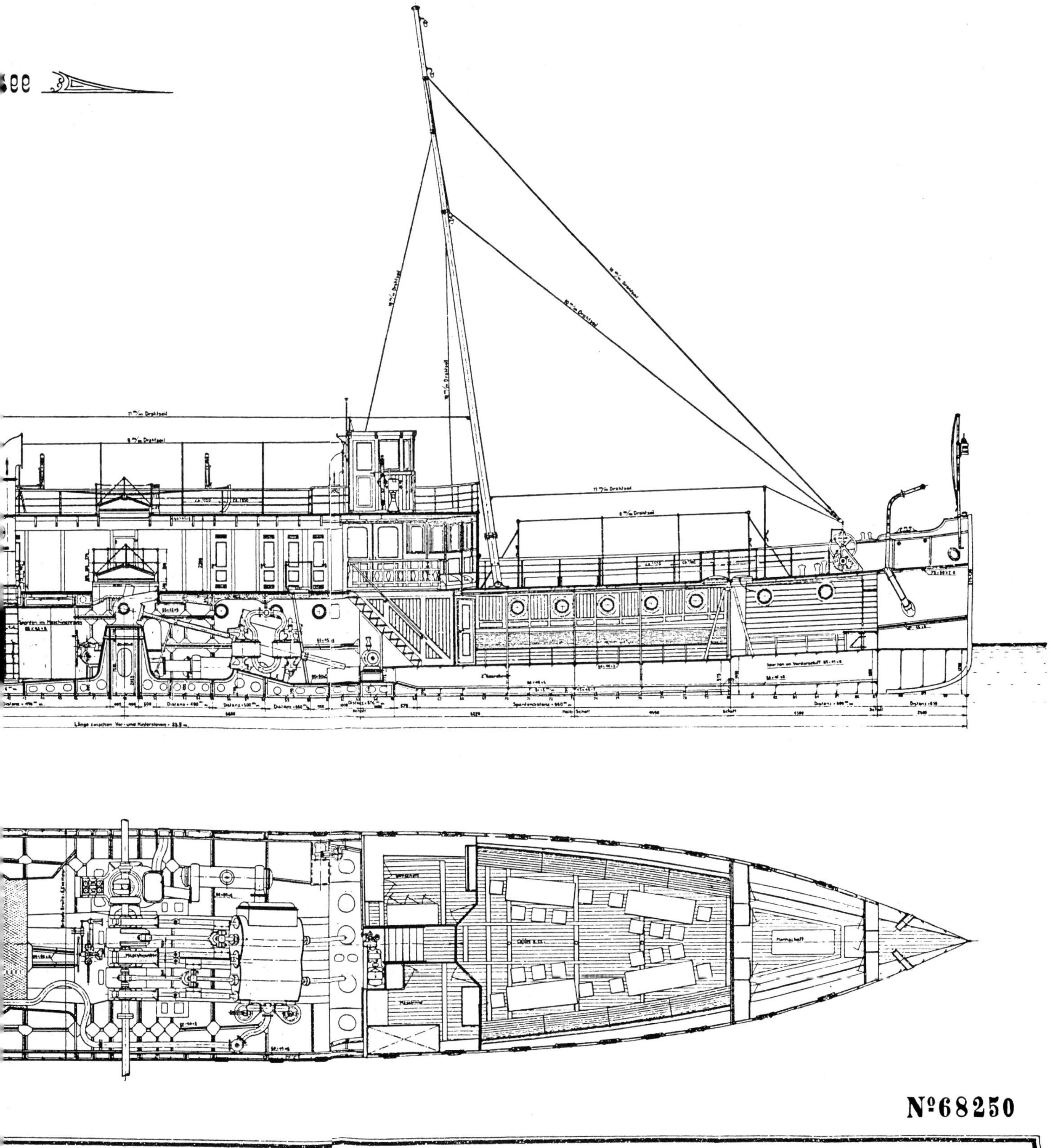

A102

Zweizylinder – Ventilgesteuerte – Heißdampfmaschinenanlage, wie sie mit 950 PS auf der „Hohentwiel" eingebaut ist.

Die Maschinenanlage des D.S. „Hohentwiel"

Technische Daten:

Hauptmaschine:

Bauart:	*Zweizylinder-Heißdampf-Verbunddampfmaschine*
Baujahr:	*1913*
Hersteller:	*Escher Wyss & Cie Zürich u. Ravensburg*
Leistung max.:	*950 PS; bei 62 Umdr./min.*
Kolbenhub:	*1150 mm*
Kolben-Durchmesser:	*700 mm Hochdruck*
Kolben-Durchmesser:	*1150 mm Niederdruck*
Dampfdruck:	*10 Atü am Hochdruckzylinder*
Dampftemp.:	*280–300 °C am Hochdruckzylinder*
Art d. Steuerung:	*Gooch*
Art d. Steuerung:	*HD.-Seite – Ventilsteuerung*
Art d. Steuerung:	*ND.-Seite – Schiebersteuerung (Penn)*
Verbrauch Brennstoff:	*12 l/km durchschnittlich*
Gew. d. Maschine:	*51,4 t*

Schaufelräder:

Rad-Durchmesser:	*4170 mm ü.a.*
Anzahl d. Schaufeln:	*2×9*
Schaufellänge:	*2600 mm*
Schaufelbreite:	*720 mm*
Bauart:	*Rad mit beweglichen Schaufeln durch Exzenter angesteuert*
Hersteller:	*Escher Wyss & Cie. Zürich u. Ravensburg*
Baujahr:	*1913*

Blick auf die Vorderfront der beiden neuen Kessel.

Schiffsdampfkessel:

Bauart:	*Großwasserraum Zweizugkessel mit Überhitzer (Schott'scher Marinekessel)*
Anzahl d. Kessel:	*2*
Anzahl d. Flammrohre:	*2×1*
Betriebsdruck:	*10 Atü*
Überhitzer:	*Rippenrohrüberhitzer 280–300 °C Dampftemp.*
Dampfleistung max.:	*2×4 t Dampf/h*
Wärmeleistung ges.:	*8070 PS/6114 kW*
Kesselheizfläche:	*143 m² einschl. Überhitzer*
Feuerung:	*Ölbrenner Druckzerstäuber (Marineausf.)*
Brennstoff:	*Heizöl extra leicht*
Gew. d. Kessel:	*52,6 t einschl. Wasserinhalt*
Hersteller:	*E. Huggler Kesselbau Lauterach u. Fa. Weishaupt Schwendi Marinebrenner u. Kesselschaltanlage*
Baujahr:	*1988*

Ruderanlagen:
Hauptruderanlage

Bauart:	*El./Hydr. Doppelzylinder-Schwenkkolbenruder-Anlage*
Leistung d. El./Hydr. Antriebsaggregate:	*2×3 kW*
Hersteller:	*Haberkorn – Wolfurt*

Bugstrahlruder

Bauart:	*Bugstrahlruder mit Festpropeller*
Dimension:	*550 mm Propellerdurchmesser*
Antriebsleistung:	*37 kW*
Hersteller:	*Jastram – Hamburg*

Hilfsmaschinen:

Bauart:	*Marinediesel Reihenmotor 6 Zylinder*
Hersteller:	*Volvo – Penta*
Anzahl d. Aggregate:	*2*
Motorleistung:	*2×159 kW (216 PS)*
Generator:	*Marine-Wechselstromgenerator*
Spannung:	*380 V/415 V*
Leistung:	*2×120 kW*
Lieferung d. elektr. Schiffsschaltanlagen u. Ausrüstung:	*Interschalt Hamburg, Weishaupt Schwendi u. EGD. Dornbirn*

10
5
15
0
20
kg/cm²
UEBERHITZER
PATENT W. SCHMIDT
ESCHER WYSS & Cie
19-ZURICH-13
No2104 UEBERDRUCK 10 ATM
NIEDRIGSTER WASSERSTAND 12CM

Teilansicht der Kurbel ... einsehbar vom Hauptdeck.

Linke Seite oben: Blick auf den Manöverstand der Maschinenanlage.

Unten: Druckmanometer des Backbordkessels mit Originalfirmenschildern der ursprünglichen Escher Wyss-Kessel, installiert auf dem Hauptdeck.

Der wiederhergestellte Hecksalon in seiner alten Schönheit.

Rechte Seite: Im September 1989 nimmt der nach Originalplänen Bernhard Pankoks rekonstruierte Hecksalon bereits deutlich erkennbare Formen an. Die Mitarbeiter der Innsbrucker Möbelschreinerei Heinrich Auer erweisen sich dabei als große Könner ihres Fachs.

Der Innenausbau

Ein Anruf im Mai 1989 ließ beim Inhaber der Möbelwerkstätte Heinrich Auer in Innsbruck erhebliche Zweifel aufkommen: Die Frage hatte gelautet, ob er an den Tischlerarbeiten im Rahmen der Instandsetzung des Dampfschiffes „Hohentwiel" interessiert sei. Bis dahin hatte Heinrich Auer das Schiff nur bei gelegentlichen Spaziergängen in der Bregenzer Bucht liegen sehen. Er glaubte daher, einen entsprechenden Auftrag mangels Erfahrung im Schiffsbau und auch wegen der großen Entfernung zwischen Innsbruck und Hard nicht annehmen zu können. Sein Interesse war aber erwacht, und er ließ sich die Pläne schicken. Es war der Reiz, sich einer besonderen handwerklichen Herausforderung zu stellen, der hierbei eine wesentliche Rolle spielte.

Nach einem ersten Treffen mit dem Projektleiter auf der „Hohentwiel" erarbeitete Heinrich Auer ein Angebot, mit dem er alle anderen Konkurrenten aus dem Felde schlug. Dabei kam ihm der Zufall zu Hilfe, daß er genügend einheimisches Kirschbaumholz in geeigneter Qualität für den Hecksalon und auch die erforderliche Menge Mahagoniholz für den Vorschiffsalon in seinen Lagerbeständen hatte. Der Auftrag wurde ihm im Juli erteilt.

Gemeinsam mit dem anfangs skeptischen Werkmeister Franz Kirchebner wurde eine Strategie ausgearbeitet. Wegen der Entfernung zu den Werkstätten in Tirol sollten möglichst viele Details vorgefertigt werden, um die Montagezeit vor Ort kurz zu halten. Dazu war eine millimetergenaue Vermessung des gesamten Innenraums des Rohschiffes erforderlich. Diese gestaltete sich problematisch durch die Übergänge von vertikalen und horizontalen Spanten, durch die Rundungen im Schiffsinnenraum und bei den Detailanschlüssen zu den Fenstern. Eine spontan gekaufte Sofortbildkamera half, und das Ergebnis der ersten Vermessungen hielt daheim in Innsbruck jeder Überprüfung stand. Gleiches galt für die Decke, das rundumlaufende Gesims und die Wandtäfelungen.

Als man im September 1989 mit der Montage begann, konnte man die Wasserwaage zu Hause lassen. Ein im Wasser liegendes Schiff bietet keine Anhaltspunkte für fixe Befestigungen, da es jede noch so geringe Wellenbewegung mitmacht. Hier konnte nur ein kunstvolles Schnurgerüst helfen. Der Nachbau des Hecksalons mußte ohne Konzessionen bis ins kleinste Detail den aufgefundenen Originalplänen von 1913 entsprechend realisiert werden. Die notwendigen Teile für die Montage wurden in der Innsbrucker Werkstatt jeweils so vorgefertigt, daß die Monteure sie zum Wochenbeginn mit nach Hard nehmen konnten. Damit war ein zügiger Arbeitsablauf garantiert.

Mit dem Fortschreiten der Arbeit kamen die Schaulustigen. Und auch das Bayerische, Österreichische und Schweizer Fernsehen ließen es sich nicht nehmen, die Atmosphäre der Montage einer Inneneinrichtung auf einem Schiff aufzuzeichnen und zu senden.

Nach nur 43 Tagen war die Montage des gesamten Hecksalons beendet. Da tauchte das erste größere Problem auf: Elf der georderten Sessel aus massivem Kirschholz, deren Konstruktion sehr aufwendig war, konnten nicht geliefert werden. Erst nach einer Odyssee durch die einschlägige Branche fand Heinrich Auer in Italien eine Firma, die innerhalb von zwei Wochen einen ersten Prototyp fertigen und die Sitzmöbel gerade noch rechtzeitig zum vorgesehenen Termin liefern konnte.

Die zweite Phase des Innenausbaus, nämlich die Detailplanung für den Rauchersalon, die Kapitänskajüte und den Kassaraum, gestaltete sich dann schon wesentlich leichter. Man ging unbeschwerter an die Arbeit, nicht zuletzt auch deshalb, weil man seine eigenen Fähigkeiten und das Schiff in der Zwischenzeit besser kannte.

Das Mahagoniholz in der Kapitänskajüte gibt dem kleinen Raum ein sehr edles Aussehen. Auch auf die Gestaltung des Kassaraums wurde viel Mühe verwandt, obwohl er in seiner ursprünglichen Funktion heute nicht mehr benötigt wird. Immerhin wurde der originale Kartenspender wieder aufgestellt. Einiges Kopfzerbrechen bereitete schließlich die Verkleidung des großen Elektroschrankes für die Stereo- und Beschallungsanlage.

Zuletzt wurde der Vorschiffsalon in Angriff genommen. Die extrem unterschiedlichen Wandflächen und die Bullaugen stellten Heinrich Auer und seine Mitarbeiter dabei vor einige Probleme. In der Gestaltung war man dagegen frei, da dieser Raum früher nur mit rohen Bänken ausgestattet war und es kein historisches Vorbild zu berücksichtigen gab. Man orientierte sich daher an den Einrichtungen exklusiver Salons in der Handelsschiffahrt. Nur drei Wochen wurden für die Fertigstellung dieses mit seiner Mahagonitäfelung sehr elegant wirkenden Salons benötigt.

Buchstäblich in letzter Minute, nämlich erst einen Tag vor der Einweihung der „Hohentwiel", wurden die Tische und Bänke für das Mittschiff geliefert. Hier gab es noch ein letztes Hindernis zu überwinden. Da das Schiff außerhalb der Dalben lag, mußten die Möbel mit einem Floß an Bord gebracht werden.

Linke Seite: Wenige Wochen vor der Indienststellung gehen im März 1990 auch die Ausbauarbeiten der Vorschiffskajüte zügig voran.

Unten: Mittschiffsraum mit Niedergang zur Vorschiffskajüte.

HOHENTWIEL

Die „Hohentwiel“ zeigt wieder Flagge

Der Januar 1990 verging mit der Erledigung verschiedener Restarbeiten an Kessel- und Antriebsanlage. Um sich minuziös an alte Traditionen zu halten, wurde die erste Probefahrt auf den 7. Februar angesetzt. Denn genau 77 Jahre zuvor hatte das damals werftneue Schiff seine ersten Fahrversuche auf dem Bodensee unternommen. Schon die erste Probefahrt verlief ohne Probleme und völlig zufriedenstellend.

Auf den weiteren Probe- und Meßfahrten wurde auch das sicherheitshalber für die An- und Ablegemanöver installierte Bugstrahlruder auf seine Funktion überprüft. Diese Maßnahme war wegen der engen Hafenbecken, die ja inzwischen auch Sportboot-Liegeplätze beherbergen, notwendig geworden. Stolz und einsam, denn um diese Jahreszeit ruht bekanntlich die Kursschiffahrt, zog die „Hohentwiel“ auf den offenen See hinaus.

Da die weite Wasserfläche von anderen Schiffen weitgehend frei war, wurde der Eindruck erweckt, als wäre die Zeit in das Jahr 1913 zurückgedreht worden. Unter flotter Fahrt durchpflügte das Schiff die Bregenzer Bucht und nahm dann Kurs auf Lindau.

Von den Hafenmolen flatterten bunte Fahnen und das Feuerwehrboot entbot dem letzten und wiedererstandenen Zeugen des Dampfzeitalters mit seiner weißen Fontäne eine gebührende Referenz. Die Lindauer Bevölkerung drängte sich in Massen an der Hafenpromenade. Als das Schiff auf dieser Probefahrt zum ersten Mal in die bayerische Inselstadt einlief, mochte dies auch ein Gefühl des Triumphes und stiller Genugtuung beim Schirmherrn des Projekts, Landrat Henninger, ausgelöst haben. Rundherum war dies ein Tag der Freude und des Stolzes!

Die gesamten Monate Februar und März hindurch wurden nun im Rahmen dieser Probe- und Meßfahrten weitere Bodenseehäfen angelaufen. Diese Fahrten führten nacheinander nach Rorschach, Romanshorn, Konstanz und zur Insel Mainau. In Rorschach wurde der „Hohentwiel“ ein besonders würdiger Empfang bereitet.

Eine der eindrucksvollsten Fahrten mochte wohl jene vom 22. Februar 1990 nach Konstanz und zur Insel Mainau gewesen sein.

Anläßlich der Internationalen Bodenseekonferenz am 3. November 1989 fährt zum ersten Mal nach rund 23 Jahren wieder ein Dampfschiff in den Bregenzer Bundesbahnhafen ein, allerdings und zum letzten Mal mit Hilfe eines Schleppers.

In Konstanz war Fasnacht und man feierte den „Schmotzigen Dunschtig". Viele strömten zum Hafen, wo die „Hohentwiel" bereits für 12.00 Uhr angekündigt war. Doch erst gegen 12.30 Uhr konnte am östlichen Horizont die gedrungene Silhouette mit dem hohen, schlanken Schornstein ausgemacht werden.

Dann kam sie! Gemächlich lief das Schiff in den Hafen und steuerte den Landungsplatz 5 an. Die großen Dreideck-Motorschiffe „Karlsruhe" und „München" nahmen eine stumme Parade ab. Das Motorschiff „München" wird als „Ersatz Hohentwiel" ab 1962 in der Flottenliste geführt.

Nun lagen „Ersatz" und „Opfer" wieder einträchtig im Hafen zusammen. Der nun folgende Sturm auf den Dampfer läßt sich kaum beschreiben. Im Mittelpunkt des Geschehens stand Projektleiter Reinhard E. Kloser. Fragen und nochmals Fragen, zwischendurch zahlreiches, anerkennendes Schulterklopfen. Auch das Fernsehen und die Presse waren immer dabei.

Am späten Nachmittag hieß es dann wieder Leinen los in Richtung Insel Mainau, wo der Inselherr, Graf Lennart Bernadotte, den Dampfer erwartete.

Ebenso triumphal verlief die nächste, größere Vorstellungsfahrt am 31. März 1990 nach Friedrichshafen, wo die „Häfler" zu Tausenden an der Pier standen. Von Friedrichshafen ging es bei strahlendem Sonnenschein weiter nach Meersburg und Überlingen. Überall, wo der Dampfer auftauchte, wurde er freudig empfangen, begutachtet, bestaunt und bewundert.

Diese Fahrten brachten noch einmal einen mächtigen „Schub" an Mitgliederzuwachs. Denn nun konnte sich jedermann von der gelungenen Instandsetzung überzeugen. Auch die letzten Zweifler hatten nun sämtliche Vorurteile über Bord geworfen. Landrat Klaus Henninger konnte auf der Jahreshauptversammlung vom 28. April 1990 die stattliche Bilanz von 2100 Mitgliedern vermelden.

Anfang Mai erfolgte die Endabnahme und am 16. Mai bekamen die Initiatoren die Zulassungsurkunde der Bezirkshauptmannschaft Bregenz. Dem Bodensee war nun endgültig sein Dampfschiff zurückgegeben.

Der 29. Dezember 1989 geht als historischer Tag in die Geschichte des Dampfschiffes „Hohentwiel“ ein. Um 18.10 Uhr beginnt sich die Maschine nach genau 27 Jahren, vier Monaten und 27 Tagen Stillstand wieder zu drehen. Ein spannungsgeladener, gleichzeitig auch erhebender Augenblick für Projektleiter Kloser und alle daran Beteiligten.

Linke Seite oben: Blick auf das Steuerhaus mit dem Originalsteuerrad von 1913.

Unten: Was jahrelang viele kaum zu hoffen wagten, ist Wirklichkeit geworden: Die Schaufelräder der „Hohentwiel“ drehen sich wieder.

Am 21. Februar 1990 läuft die „Hohentwiel" während der Probefahrten in Rorschach ein.

Rechts: Genau 77 Jahre nach ihrer ersten Probefahrt fährt die „Hohentwiel" am 8. Februar 1990 über den östlichen Teil des Obersees.

Unten: Prominente Gäste umringen tief beeindruckt die Maschinenöffnung und bewundern das wieder in neuem Glanz erstrahlende Werk vergangener Maschinenbaukunst.

Linke Seite: Durch eine dichte Nebelwand fährt die „Hohentwiel" in den Lindauer Hafen ein.

Einweihungsfeier und „Zweite Jungfernfahrt“

Am 17. Mai, einem Frühlingstag von strahlender Bläue, prangte der Harder Industriehafen im Festtagsgewand. Die letzten Schott-Teile der alten Aufbauten, darunter auch Klosers „russische Feldschmiede“, waren beseitigt und das Hafengelände eingeebnet worden.

Die Einweihungsfeier mit Ehrengästen aus Politik, Industrie und Gesellschaft war auf 10.30 Uhr angesetzt. Auch die neuerstandene „Hohentwiel“ sollte für ihre künftigen Fahrten den Segen der Kirche erhalten, wie es bei der einstigen k. u. k. Bodensee-Dampfschiffahrt üblich gewesen war. Den Reigen der Festredner eröffnete Landrat Klaus Henninger mit den Worten: „In gottseliger Blindheit haben wir uns an dieses Werk gewagt, und es ist uns mit Gottes Segen gelungen, es zu vollenden!“ Er vergaß nicht, den vielen Sponsoren und aktiv Beteiligten rund um den See seinen Dank auszusprechen. Selbstverständlich wurden die namhaftesten Spender besonders hervorgehoben.

Der Bürgermeister der Gemeinde Hard, Gerhard Köhlmeier, drückte seine Freude und seinen Stolz über die gelungene Restaurierung aus, denn nun war diese Gemeinde, auf dem Schwemmland des Rheins und nahe der Mündung der Bregenzer Ach angesiedelt, nach rund 90 Jahren wieder ein echter Dampferhafen geworden. Bürgermeister Köhlmeier versäumte es selbstverständlich nicht, seinem Mitbürger Reinhard E. Kloser für das vollbrachte Meisterwerk in angemessener Weise zu danken.

Der Landeshauptmann von Vorarlberg, Dr. Martin Purtscher, würdigte die Instandsetzung der „Hohentwiel“ als Zeichen einer vorbildlichen, länderverbindenden Zusammenarbeit. Und es bestätigte sich wieder einmal, daß „Berge trennen, Wasser jedoch verbindet.“ Anerkennende Worte fand er insbesonders für die Ausstattung der „Hohentwiel“: „Dieser in neuem Glanz erstandene Dampfer wird nicht nur auf besonders angenehme Weise frohe Gäste aus nah und fern zu den Schönheiten der Bodenseelandschaft tragen, denn das Schiff selbst ist für das Publikum als ein Werk vollendeter Ästhetik und Behaglichkeit neu geschaffen!“

Die ökumenische Feier wurde durch Diözesanbischof Dr. Dr. Küng aus Feldkirch, dem evangelischen Pfarrer Hans Schibli aus St. Gallen und dem katholischen Stadtpfarrer Bernhard Rigling aus Murg am Hochrhein zelebriert. Bernhard Rigling ist ein begeisterter Dampferfreund und seit Jahren Präsident des „Deutschen Dampfboot-Vereins“. Den Abschluß des Gottesdienstes bildete die Glockenweihe.

Die von Projektleiter Kloser gestiftete Schiffsglocke trägt die Inschrift „Allezeit Wacht“ und steht seither verpfichtend für den Geist der Schiffsbesatzung.

Als der Konstanzer Oberbürgermeister Dr. Horst Eickmeyer seine Grußworte entbot, erinnerten sich ältere Gäste an die Taufrede seines Amtsvorgängers aus dem Jahre 1964.

Damals wurde die „behäbige und gemütvolle Zeit der Raddampfer“ von offizieller Seite totgesagt, und die

Feierliche Einsegnung der wiedererstandenen „Hohentwiel“ am 17. Mai 1990 durch Landesbischof Dr. Dr. Klaus Küng und die Pfarrer Bernhard Riegling und Hans Schilbi am Ausrüstungskai in Hard.

Links: Im Rahmen der Feierlichkeiten überreicht Vereinspräsident Klaus Henninger Projektleiter Reinhard E. Kloser das Königlich Württembergische Bronzewappen als Zeichen des Dankes für die gelungene Renovierung des Dampfers.

„Hohentwiel“ lag bereits in Bregenz. In den 60er Jahren wagte niemand auch nur entfernt den Gedanken an eine Renaissance der Dampfschiffe aufzugreifen.

Es folgten Grußworte von Stadtammann Dr. Marcel Fischer aus Rorschach und dem Leiter des Münchner Büros des American Bureau of Shipping, Diplom-Ingenieur Peter J. Denk.

In bewegten Worten dankte Projektleiter Kloser noch einmal Landrat Henninger für seine umsichtige und souveräne Führung durch alle Klippen und Fährnisse der vergangenen vier Jahre. Besonders hervorgehoben wurden auch das gegenseitige Vertrauen und der Glaube an ein gutes Gelingen dieser einmaligen, großen Sache. Reinhard Klosers Dank schloß alle Helfer und Helfershelfer ein, die stets hinter den Kulissen agiert hatten und trotzdem in maßgeblicher Weise der „Hohentwiel“ zu neuem Leben verhalfen. Reinhard E. Kloser überreichte dem Vereinspräsidenten Henninger ein Birkenbäumchen, das während des Dornröschenschlafs auf dem morschen Holzdeck der „Hohentwiel“ als Symbol ungebrochenen Lebenswillens Wurzeln geschlagen hatte.

Landrat Henninger überreichte Kapitän Kloser zum Zeichen des Dankes ein kleines, aus Marinebronze gegossenes Radkastenwappen mit den Initialen des württembergischen Königshauses und der Inschrift „Furchtlos und treu“.

Musikalisch umrahmt wurde die Feier durch zünftige Einlagen der Bürgermusik Hard unter der Leitung von Kapellmeister Wolfgang Holzer und eines Schweizer Shanty-Chores. Selbstverständlich war auch der „Orgel-Schorsch“ aus Friedrichshafen mit von der Partie, der für die Instandsetzung der „Hohentwiel“ eine vierstellige D-Mark-Summe eingespielt hatte.

Anschließend führte der Projektleiter die Gäste auf den blitzblank herausgeputzten, über die Toppen beflaggten und mit Girlanden bekränzten Dampfer.

Zuvor musterte er aber noch einmal das vollbrachte Meisterwerk.

An seiner Seite die Familie, alle in maßgeschneiderten Matrosenkleidchen. Frau Kloser und ihre Töchter erhielten von Landrat Henninger zum Dank für die Mühsal der vergangenen Jahre Blumensträuße und Geschenke.

Zu einer Premiere wurde die Jungfernfahrt auch für den bekannten „Gösserwirt“ Christian Greber, dem die Gastronomie auf dem Schiff anvertraut worden war. Sie fand sofort die ungeteilte Anerkennung der Gäste.

Als magischer Anziehungspunkt erwies sich die mittschiffs gelegene Maschinenöffnung. Gar mancher Gast fühlte sich wieder in seine Jugendzeit zurückversetzt.

Alles war wie damals: Die im Gegenrhythmus auf- und niederwuchtenden Antriebskurbeln, die gefüllten, messingglänzenden Tropföler und die millimetergenau arbeitenden Exzenterscheiben. Vielleicht vermißte mancher das Kratzen der Kohlenschaufeln und den rötlichen Widerschein der Kesselfeuer auf den blanken Metallteilen. Doch dies war der Tribut, der den Anforderungen der heutigen Zeit bezahlt werden mußte.

Auch wenn die junge Besatzung sich erst an den Dampferbetrieb gewöhnen mußte, so waren sie doch alle mit Feuereifer bei der Sache. Überall wo die „Hohentwiel“ während der beiden Rundfahrten an diesem denkwürdigen Tag aufkreuzte, schlug ihr Begeisterung entgegen. Kursschiffe ließen ihre Typhons aufheulen, und Sportboote wie große Yachten drehten spontan in das Kielwasser ein.

Die Bodensee- und auch die überregionale Presse sowie die Fernsehanstalten der Anrainerstaaten feierten das Ereignis in fettgedruckten Schlagzeilen und eindrucksvollen Reportagen. „Das Wunder ‚Hohentwiel‘ ist vollbracht!“, lautete eine der vielen enthusiastischen Überschriften.

Überall fand die Leistung aller Beteiligten, wie sie unter solch schwierigen Bedingungen bisher auf keinem anderen Gewässer vollbracht wurde, ungeteilte Freude und Zustimmung, ist doch nicht bekannt, ob jemals in unseren Breitengraden ein anderes Dampfschiffswrack in einem so jämmerlichen Zustand mit derart bescheidenen Mitteln zu einem Schmuckstück, wie es die „Hohentwiel“ geworden ist, wieder instandgesetzt werden konnte.

Montage der Glocke über dem Ankerspill auf dem Vorschiff durch die Besatzung.

Rechts oben: Die Mannschaft der „Hohentwiel" im Jahre 1992. Von links nach rechts: Zweiter Maschinist Harald Helfer, Bootsmann Emil Flache, Steuermann Adolf Konstatzky, Kapitän Reinhard E. Kloser, leitender Maschinist Rudolf Krenn, zweiter Maschinist Gerhard Neyer, Bootsmann Robert Kössler.

Unten: Alle Mühen der zurückliegenden Jahre sind glücklich überstanden. Projektleiter Kloser mit Frau und Töchtern.

Linke Seite: Die von Projektleiter Kloser gestiftete Schiffsglocke mit der Aufschrift „Alle Zeit Wacht!".

Die „Hohentwiel", über die Toppen beflaggt, in der Hafeneinfahrt von Rorschach.

Rechte Seite: Stolz nimmt die „Hohentwiel" mit ihren Gästen auf der „Jungfernfahrt" Kurs auf die Weite des Obersees.

Die „Hohentwiel“ läuft in den Konstanzer Hafen ein.

Mit der neuen „Hohentwiel“ auf Fahrt

Mit Dampf und Schaufelrad Geschichte fahren

Der Bodensee war nun in den Kreis derjenigen Gewässer zurückgekehrt, die noch von Dampfschiffen befahren werden. Nun galt es für die junge Betriebsgesellschaft unter der kaufmännischen Leitung von Ernst Schwarz und dem technischen Geschäftsführer Reinhard E. Kloser, die „Hohentwiel“ sicher durch die Klippen und Fährnisse internationaler Bestimmungen zu steuern.

Das eigenständige Unternehmen wollte jeglichen Konkurrenzkampf mit den etablierten Schiffahrtsbetrieben möglichst vermeiden, was nicht immer leicht ist. Aber nur auf diese Weise ist es möglich, ein historisches Dampfschiff gezielt zu vermarkten.

Als Besatzung wurde von Anfang an handwerklich und technisch gut geschultes Personal ausgesucht. Denn anfallende Reparaturen erfordern bei einem Dampfschiff ein hohes, fachliches Können.

Da es am Bodensee außerdem keine Werft mit „Dampfererfahrung“ mehr gibt, müssen sämtliche Ausbesserungs- und Instandsetzungsarbeiten an den Kesseln, der Maschine und den Antriebsorganen in eigener Regie vorgenommen werden. Auch in der Besatzungsstruktur orientierte man sich am Vorbild der Hochseeschiffahrt. Die straffe Führung hat sich seither gut bewährt, denn auf diese Weise bleibt ein sicherer und reibungsloser Betrieb gewährleistet.

Für die Hochsommerwochen des Jahres 1990 wurden gemeinsam mit dem neuen „Flaggschiff“ der deutschen Bodenseeflotte, MS „Graf Zeppelin“, unter dem Motto „Zwei Epochen – eine Reise“ sogenannte „Tandem-Fahrten“ vereinbart. Auf diesen Fahrten sollten technisch interessierte „Shiplover“ und Feriengäste auf eindrucksvolle Weise das Fahrgastvergnügen aus Vergangenheit und Gegenwart kennenlernen. Die Fahrt mit jedem Schiff dauerte jeweils anderthalb Stunden, dann wurden in einem vorher ausgewählten Hafen die Planken gewechselt. Diese Fahrten wurden zu einem großen Erfolg.

Die erste Betriebsphase wurde zur ersten Bewährungsprobe für Schiff und Besatzung, da die „Hohentwiel“ von ihrem Heimathafen Hard aus die Strecke an ihren Bestimmungsort erst leer zurücklegen muß. Vorteilhaft wirken sich diese oft bis zu zwei Stunden dauernden Leerfahrten jedoch auf die Gastronomie aus, die innerhalb dieser Zeitspanne ihre oft aufwendigen Vorbereitungen in Ruhe treffen kann. Von Anfang an bemühte sich auch die Konstanzer Schiffahrtsagentur Werner Häusler um eine gezielte Vermarktung der „Hohentwiel“ von deutscher Seite aus. Ihr Anliegen ist es in erster Linie, den schmukken Dampfer auch breiteren Publikumsschichten anzubieten.

Daß die „Hohentwiel“ mehr ist, als nur ein wiedererstandenes „technisches Denkmal“, wurde schon vom ersten Tag an deutlich.

HOHENTWIEL

Ruhig und beschaulich verläuft die Fahrt an Bord eines Raddampfers. Hast und Eile des Alltags bleiben zurück, und den Gast umfangen behagliche Stunden der Entspannung und Erholung.

An Deck sitzen, sich eine Brise Seewind einfangen, unter den weißen Sonnensegeln vor Hitze und Sonnenbrand geschützt: So wird die Fahrt zu einem unvergeßlichen Erlebnis. Man fühlt sich wie zu „Kaisers Zeiten". Ist der Wettergott einmal weniger gnädig, laden der prächtige Salon, die Vorschiffskajüte oder auch das mit bequemen Sitzmöbeln ausgestattete Mittschiffsdeck zum Verweilen ein.

Wo immer die „Hohentwiel" auf dem Ober- und Überlinger See aufkreuzt, werden ihr Sympathie und Begeisterung entgegengebracht.

Auf einer Abendfahrt im Mai 1990 hatte das Schiff gegen 18.00 Uhr den Konstanzer Hafen verlassen. Wie auf einem Scherenschnitt hob sich die Silhouette der alten Konzilstadt vom Abendhimmel ab.

Stolz zog die „Hohentwiel" mit rauschendem Schaufelschlag durch den Konstanzer Trichter, dem offenen Obersee entgegen. In der Vorschiffs-Rotonde begleiteten die flotten Rhythmen einer Dixie-Band das machtvolle Stampfen der Maschine. Weiße Segel glitten lautlos vorüber, irgendwo drüben am Thurgauer Ufer läuteten Kirchenglocken. Der noch schneebedeckte Säntis und sein kleinerer Bruder Altmann waren deutlich zu erkennen, und bald schälten sich in der Ferne die Gipfel des Rhätikon aus dem feinen Dunst. Die „Hohentwiel" steuerte das alte Burgenstädtchen Meersburg an. Vor der malerischen Kulisse der alten Merowingerburg beschrieb wenig später das Kielwasser einen weiten Bogen, und langsam wandte sich der Bug des Schiffes gegen den, von den bewaldeten Höhenzügen des Bodanrücks und des Linzgaus umrahmten, Überlinger See zu.

Nachdem der Dampfer auf nordwestlichen Kurs gegangen war, kam es zu einer spektakulären Begegnung mit dem Autofährschiff „Konstanz", das vollbesetzt den Meersburger Fährehafen verließ. Als der Kapitän auf die langsam herandampfende „Hohentwiel" aufmerksam wurde, ließ er zur Begrüßung die Mehrklangsirene aufheulen. Die „Hohentwiel" erwiderte den Gruß mit einem langen, durch Mark und Bein dringenden Dreiklangton. Eine zischende Dampfwolke stieg vom Schornstein in den Abendhimmel. Bevor der Schiffsführer von der „Schwimmenden Brücke" den direkten Kurs nach dem viereinhalb Kilometer entfernten Staad wieder aufnahm, lief er für einige Minuten parallel zur „Hohentwiel", um den Passagieren das Dampfschiff vorzuführen und ihnen Gelegenheit für Schnappschüsse zu geben. Unzählige Fotoappara-

Die „Hohentwiel" auf Fahrt durch den landschaftlich besonders reizvollen Überlinger See.

Kurs auf Friedrichshafen, dem früheren Heimathafen der „Hohentwiel". Vom Bug weht nun die Flagge des neuen Heimathafens Hard.

te richteten sich auf das Dampfschiff. Auf dem Oberdeck der Fähre wimmelte es von begeistert winkenden Menschen. Dann gingen beide Schiffe wieder auf ihren ursprünglichen Kurs zurück.

Von Anfang an waren immer wieder bedeutende Persönlichkeiten aus Politik und Gesellschaft auf der „Hohentwiel" zu Gast. Darunter Hans Eisenring, der Präsident der Generaldirektion der Schweizerischen Bundesbahnen, NATO-Generalsekretär Manfred Wörner und anläßlich der Eröffnung der Bregenzer Festspiele Österreichs Bundespräsident Dr. Kurt Waldheim mit Delegationen der Bundes- und Landesregierungen. Alle zeigten sich überrascht, ein solch luxuriöses Schiff auf einem Binnengewässer vorzufinden.

Fahrten und Veranstaltungen mit hohem Niveau wechselten sich bald in bunter Reihenfolge ab. Dazu zählen Repräsentationsfahrten für die Länder- und Kantonsregierungen rund um den See, ein Familientreffen des Hauses Zeppelin, das indirekt durch das Wirken des „Luftschiff-Grafen" mit der ehemaligen württembergischen Flotte verbunden ist. Auch das beliebte Hafenkonzert und die Wiener Symphoniker bemächtigten sich bald der immer beliebter werdenden „Hohentwiel".

Auch in den „Dampfer-Hochburgen" der Innerschweiz zeigte sich bald ein reges Interesse an der „Hohentwiel". Man wurde sich nun auch dort bewußt, daß am Bodensee ein Schiff wiederentstanden war, das sich zwar durch seine Bauweise, aber in seiner technischen und nautischen Ausstattung, ebenso wie in seiner gediegenen Inneneinrichtung von den prächtigen Salonschiffen des Vierwaldstätter Sees in keiner Weise unterschied.

Freundlicher Empfang erwartungsvoller Gäste in Friedrichshafen.

Mehrere Male konnten auch die Vorzüge der Halbsalonbauweise gegenüber einem Decksalonschiff bei größeren Windstärken beobachtet werden. Besonders bei Windstärke sechs und mehr, am Bodensee keine Seltenheit, liegt die „Hohentwiel" noch ruhig im Wasser, während sich bei den höherbordigen Decksalondampfern ein starker Seitenwind bereits unliebsam bemerkbar macht und schnell zu einer Fahrt mit Schlagseite führen kann.

Zu einem weiteren glanzvollen Höhepunkt im ersten Betriebsjahr wurde das Konstanzer Seenachtsfest am 8. August 1990. Unter den festlich illuminierten Schiffen der internationalen Bodenseeflotte befand sich mit der „Hohentwiel" zum ersten Mal nach 24 Jahren wieder ein Schaufelraddampfer. Fast auf den Tag genau 28 Jahre zuvor ging bei diesem Anlaß die erste Karriere der „Hohentwiel" wegen eines Bruchs des Hauptdampfventils zu Ende.

Die letzte öffentliche Fahrt des Jahres 1990 fand am 3. November statt. Eine Woche zuvor war die Herbstsaison bei der „Weißen Flotte" zu Ende gegangen. Die großen Motorschiffe lagen bereits in Winterruhe, als die „Hohentwiel" an diesem regnerischen Spätherbsttag zum Saisonabschluß nochmals über den See dampfte. Die Sonnensegel waren bereits eingeholt, ein starker Wind orgelte durch die Takelage des Großmastes. An diesem Tag kam die anheimelnde Bordatmosphäre eines Raddampfers noch einmal so richtig zur Geltung. An einen Deckaufenthalt war nicht mehr zu denken, und so mußte im Schiffsinnern eng aneinandergerückt werden. Denn dort herrschte wohlige Wärme, es roch nach Dampf und heißem Öl. In einer solcher Atmosphäre konnten die Gäste ungehindert von vergangenen Zeiten träumen.

Die Geschäftsführer konnten für dieses erste Jahr eine erfolgreiche Bilanz ziehen. An 150 Fahrtagen zwischen dem 17. Mai und dem 10. November 1990 hatte die „Hohentwiel" genau 13527 Kilometer zurückgelegt und dabei 41049 zufriedene Fahrgäste befördert. Ohne die geringste Störung hatten die Schaufelräder exakt 1563740 Umdrehungen geleistet.

Die Saison 1991 begann, wie sie im Vorjahr geendet hatte: Zufriedenstellend und erfolgreich. Weit über die Grenzen der Bodenseeregion hinaus stieß der Name „Hohentwiel" als Inbegriff alter Schiffahrtstradition, Behaglichkeit und gepflegter Bordatmosphäre auf eine positive Resonanz. Der als neuwertig zu bezeichnende Dampfer wird noch lange Zeit in der Lage sein, auch kommenden Generationen frohe, interessante und abwechslungsreiche Stunden auf der weiten Fläche des Bodensees zu bereiten.

Die „Hohentwiel“ besucht zum ersten Mal Bodman. Sie wird durch Böllerschüsse und unter großer Anteilnahme der Bevölkerung begrüßt.

Unten: Überall, wo die „Hohentwiel“ anlegt, erregt sie die Aufmerksamkeit der Hafenbesucher wie hier in Wasserburg.

Links: Der leitende Maschinist macht vor dem Auslaufen die Maschine klar. Eine wichtige Tätigkeit ist dabei das Nachfüllen der Tropföler.

Rechts: Kapitän Kloser mit Bootsmann Kössler im Steuerhaus.

Unten: Die „Hohentwiel“ aus der Vogelperspektive.

Ein starker Gewittersturm kündigte am 22. September 1990 den Herbstbeginn an. Inmitten einer grandiosen Stimmung, wie sie fast nur in dieser Jahreszeit beobachtet werden kann, verläßt die „Hohentwiel" Friedrichshafen in Richtung Romanshorn. Bei der herrschenden Windstärke neun bis elf zeigen sich die Vorzüge der hohen Stabilität der Halbsalonbauweise besonders deutlich.

Unter dem Motto „Zwei Epochen – eine Reise“ veranstaltete die „Hohentwiel“-Betriebsgesellschaft gemeinsam mit den Bodensee-Schiffsbetrieben der Deutschen Bundesbahn sogenannte „Tandem-Fahrten“ mit dem Flaggschiff der deutschen Bodenseeflotte, dem MS „Graf Zeppelin“. Dabei konnten die Gäste die Atmosphäre sowohl auf einem klassischen Salondampfer als auch auf einem großen Dreideck-Salonmotorschiff erleben.

Einer der ersten Höhepunkte bei Saisonbeginn 1991 war eine kombinierte Fahrt mit dem berühmten Orient-Express von Zürich über Schaffhausen nach Romanshorn, wo die Gäste zu einer Rundfahrt auf die „Hohentwiel" überwechselten.

NOSTALGIE ORIENT ISTANBUL EXPRESS

Die Gäste fühlen sich wohl an Bord – Streiflichter von Vergnügungsfahrten.

Orgel-Schorsch

Gastronomie an Bord – Kulinarisches für jeden Geschmack

Auf der „Hohentwiel“ sollte auch die Gastronomie hohe und höchste Ansprüche erfüllen. Dies war nur durch einen Verzicht auf die frühere Damenkabine möglich. Diese dient nun, wie bei den meisten Salondampfschiffen auf den benachbarten Schweizer Seen, als Anrichte und Ausschank. Auch die beiden hinteren Radkastenhälften mußten im Interesse des gehobenen Standards ebenfalls der Gastronomie zur Verfügung gestellt werden.

Als erfahrener Gastwirt war sich Christian Greber von Anfang an bewußt, was er seinen Fahrgästen schuldig war. Seine Mannschaft setzt sich aus exzellenten Kochkünstlern und einem hochqualifizierten Service-Personal zusammen.

Auf der „Hohentwiel“ gibt es keine „Standardmenüs“, denn für jede Fahrt wird eine neue Speisekarte zusammengestellt.

Mehrmals im Jahr können sich die Gäste auf den inzwischen sehr beliebten Gourmet-Fahrten kulinarisch verwöhnen lassen. Sofern es die Witterung zuläßt, wird auch auf dem Salon- und Oberdeck serviert. Zu einem unvergeßlichen Ereignis werden die inzwischen zahlreich veranstalteten Hochzeitsfahrten. Sogar die Trauung kann an Bord stattfinden. Die Ausflugs- und Hochzeitsfahrten führen gewöhnlich dem Ufer entlang. In beschaulicher Fahrt zieht die „Hohentwiel“ an den reizvollen und einladenden Dörfern und Städten vorbei. Aber nicht nur die exklusiven Gaumenfreuden versetzen den Gast in Kaisers- und Königszeiten zurück, sondern auch die liebevoll gestalteten Details, die kostbaren Hölzer, die Hinweisschilder und Beschläge und die blankgeputzten Maschinenteile aus Messing. Auch die erlesene Innenausstattung verfehlt nicht ihre Wirkung auf die Passagiere. Der Hecksalon in Kirschbaum und mit Eichenparkett, der in Mahagoni getäfelte Vorschiffsalon mit seinem Teakholzboden verbreiten eine Atmosphäre von Behaglichkeit und erstklassiger Qualität.

Für den Passagier mit Vorliebe für Nostalgie mag es dagegen auch interessant sein zu wissen, daß am runden Tisch in der „Lese-Ecke“ des Salons immerhin König Wilhelm II. von Württemberg, Graf Ferdinand von Zeppelin und andere hochrangige Persönlichkeiten der damaligen Gesellschaft Platz genommen haben.

Links: Die seemännische Crew der „Hohentwiel“ und die dienstbaren Geister der Bordgastronomie.

Rechts: Der Chefkoch in seiner nach modernsten Gesichtspunkten eingerichteten Kombüse im hinteren Teil des Steuerbord-Radkastens.

Unten: Alles ist angerichtet für einen gemütlichen Kaffeeplausch auf dem Oberdeck.

Eindrücke gepflegter Gastlichkeit an Bord der „Hohentwiel".

Ob unter den Sonnensegel oder in den Salons: Vielfältige kulinarische Köstlichkeiten erfreuen die Gäste.

Auf Heimatkurs …

An der Wiederherstellung und dem Betrieb des Raddampfers „HOHENTWIEL" beteiligte Firmen

AEG Electrocom GmbH, D-7750 Konstanz

Allweiler AG, D-7760 Radolfzell

American Bureau of Shipping, D-8000 München 70

Heinrich Auer, Möbelwerkstätte, A-6020 Innsbruck

BMW AG, D-8000 München 40

Badischer Gemeindeversicherungsverband, D-7500 Karlsruhe 1

R + H Bartenbach, A-6700 Bludenz-Buers

Bauer Kompressoren, D-8000 München 71

Robert Bosch GmbH, D-7000 Stuttgart-Gerlingen

Spedition Braun GmbH, A-6923 Lauterach

Bremer Vulkan AG, D-2800 Bremen 70

Cassens & Plath GmbH, D-2850 Bremerhaven 29

Spedition Delacher & Co., A-6961 Wolfurt-Bahnhof

BST Kabeldurchführungen, Rudolf Doepfl GmbH, A-1232 Wien

Norbert Däuber, Bildhauer, D-8240 Berchtesgaden

Doppelmayer GmbH & Co. KG, A-6922 Wolfurt

EGD Electronic Gerätebau, A-6850 Dornbirn

EHG Stahlzentrum West, A-6850 Dornbirn

Eibl Elektrodynamische Wasseraufbereitungs GmbH, A-6100 Seefeld

Erne-Fittings, Rohrbogenwerk, A-6824 Schlins

Ewald Fliesen, A-6971 Hard

Faigle Kunststoffe GmbH, A-6971 Hard

Fehrmann, Metallverarbeitung GmbH, D-2102 Hamburg 93

Werner Fussenegger, Heizungs- und Sanitärservice, A-6973 Hoechst

Gestra AG, D-2800 Bremen 1

Greber Gastronomiebetriebe, A-6900 Bregenz

Dr. Johann Goldner, Wirtschaftstreuhänder und Steuerberater, A-6800 Feldkirch

F. Haberkorn, Vertrieb Techn. Produkte GmbH, A-6961 Wolfurt

Hammerwerk Fridingen GmbH, D-7203 Fridingen/Donau

Hartmann & Ascherl, Bootsbedarf, A-6971 Hard

Hubert Hartmann, Zimmerei, A-6971 Hard

Josef Herb, Sanitärtechnik, D-7990 Friedrichshafen

Herburger, Maschinen- und Apparatebau, A-6971 Hard

Hoeckle-Volvo-Penta, D-8990 Lindau

Hohenzollerische Landesbahn AG, D-7450 Hechingen

Emil Huggler, Baumaschinen und Kesselfabrik GmbH & Co. A-6923 Lauterach

Dr. Richard Huter, Öffentlicher Notar, A-6901 Bregenz

Hydrocontrol Vertriebs GmbH, D-2902 Rastede 2-Hahn

Hypothekenbank des Landes Vorarlberg, A-6900 Bregenz

IAV-Industrieanlagen Vertriebsgesellschaft mbH, A-6020 Innsbruck

Interschalt GmbH, Elektrische Ausrüstung für Industrie und Schiffahrt, D-2000 Hamburg-Schenefeld

Jastram-Werke GmbH, Querstrahlruder, D-2050 Hamburg 80

Kampmann GmbH, Beleuchtungskörper, D-8997 Hergensweiler

Katadyn Produkte AG, Wasserentkeimung Trinkwasseraufbereitungsanlagen, CH-8304 Wallisellen

Reinhard Kerber, Mag., Steuerberater und Wirtschaftstreuhänder, A-6971 Hard

Alfred Kreutz GmbH & Co. KG, Heizungsbedarf, A-6971 Hard

Gernot Kulhay, Yachtwerft, A-6972 Fussach

Liebherr GmbH, Werk Nenzing, A-6710 Nenzing

Liebherr-Aero-Technik GmbH, Kühlanlagen, D-8998 Lindenberg

An der Wiederherstellung und dem Betrieb des Raddampfers „HOHENTWIEL" beteiligte Firmen

Lindauer Dornier GmbH, D-8990 Lindau (B)

Ernst Lorch KG, Bosch Vertragsgroßhändler, D-7470 Albstadt-Ebingen

MBB Verteidigungssysteme, D-8000 München 80

MTU Friedrichshafen GmbH, D-7990 Friedrichshafen 1

Mantel GmbH, Heizungstechnik, A-6833 Klaus

Marte-Glasgroßhandel, A-6900 Bregenz

Meyer Stahlbau GmbH & Co. KG, A-6714 Nüziders

Alfred Neumann, Holz-Import, D-2102 Hamburg 93

Schiffsausrüster A. W. Niemeyer, D-2000 Hamburg 11

Noris Tachometerwerk GmbH & Co., D-8500 Nürnberg 80

ÖMV Handels AG, A-6890 Lustenau

Österreichische Schiffswerften AG, A-4010 Linz-Korneuburg

Österreichische Schiffswerften AG, Filialbetrieb Fussach, A-6972 Fussach

Osram GmbH, D-8000 München 90

Paul Pietzschke, Fabrik für Chem. u. Techn. Produkte, D-2000 Hamburg 62

Pircher Eisenwaren, A-6900 Bregenz

RES Radar- und Elektronische Geräte Serviceges. mbH, A-1021 Wien

Rein GmbH & Co., Großküchen-Elektroinstallationen, A-6850 Dornbirn

Ing. Walter Reisch, Maschinenbau, A-6820 Frastanz

Schelling & Co. Maschinenfabrik und Eisengießerei, A-6858 Schwarzach

Bernhard Schmeding, Schiffsausrüster, D-2000 Hamburg 11

Schmid Eisenhandlung, A-6971 Hard

Helmut Schneider, Tischlerei, A-6923 Lauterach

Schoeller Textil GmbH, A-6971 Hard

Seibt Nautic & Sports, A-6900 Bregenz

Siemens AG, Geschäftsbereich Starkstromkabel und Leitungen, D-8520 Erlangen

Sparkasse Bregenz, A-6971 Hard

Speedwave R. Magg GmbH, D-7994 Langenargen

Stark Werkzeuge GmbH, A-6840 Götzis

Steen Maschinenbau, D-2200 Elmshorn

Sulzer Escher Wyss GmbH, D-7980 Ravensburg

Sulzer Escher Wyss GmbH, D-8990 Lindau

Techn. Überwachungsverein Wien, Dienststelle Dornbirn, A-6850 Dornbirn

Johs. Thomann jr., Eisen-Kohlen-Heizöl, D-8990 Lindau

Thurgauische Kantonalbank, CH-8570 Weinfelden

Tuflin Armaturen GmbH, D-8990 Lindau

Vorarlberger Kraftwerke AG, A-6900 Bregenz

Horst Wagner, Bootsbau, D-7762 Bodman

Wein Henkel GmbH, D-8900 Augsburg

Max Weishaupt GmbH, Öl- und Gasbrenner, A-6850 Dornbirn

Max Weishaupt GmbH, Öl- und Gasbrenner, D-7959 Schwendi

Gebrüder Weiss, Spedition, A-6923 Lauterach

Willbrandt, Gummitechnik, D-2000 Hamburg 54

Karl Winterhalter, Gastronomie-Einrichtungen, D-8992 Wasserburg

Wüttembergische und Badische Versicherungs Aktiengesellschaft D-7100 Heilbronn

Zahnradfabrik Friedrichshafen, D-7990 Friedrichshafen 1

Zollern Vertriebs GmbH + Co., Vertriebsgesellschaft der Fürstlich Hohenzollernschen Hüttenverwaltung Laucherthal, D-7480 Sigmaringen

Zwickle Reinigungstechnik-Pumpensysteme, A-6922 Wolfurt

Wenn Verläßlichkeit entscheidet...
...Schoeller Textil Hard
der zuverlässige Partner für feinste Kammgarne, von Nm 18 - Nm 80 in 100% Wolle, Synthetics und Mischungen, profiliert in der Herstellung funktioneller, technischer und modischer Garne:
Polycolon und Pro Color (100% Polypropylen),
Flamestop (Wolle und FR-Synthetics)
Car Tex HL (heißlichtechtes Polyestergarn für die KFZ-Industrie)
Mohair Tropical und Sir (Feingarn für Leichtgewichtgewebe)
Monarch (100% Merinowolle)
Opal (Wolle superwash und Seide, intim gemischt und bunt)
schoellertextilhard
Ges.m.b.H, A-6971 Hard, Telefon A-05574/32311-0, Telex A-57786, Telefax A-05574/32528

Instandsetzung
Dampfschiff „HOHENTWIEL" 1987–1990
Gesamtplanung und Bauleitung
Reinhard E. Kloser
Techn. Schiffsoffizier, Hard am Bodensee

Stadler-Bücher zeigen mehr…

Bodensee
Text von Gerd Schneider, Fotos von Ingrid Asmus, Jürgen Wisckow u.a.
Format: 24 x 30,5 cm; 160 Seiten, 186 Vierfarb-Abb.; Leinen mit Schutzumschlag;

Waltraut Liebl-Kopitzki
Susanne Satzer-Spree
Hella Wolff-Seybold
Bodensee-Begegnungen
Format: 28 x 21,7 cm; 68 Seiten, mit 76 Abb., durchgängig vierfarbig; gebunden, Hardcover; Bildunterschriften dreisprachig;

Martin E. Uhlig
Raddampfer »Hohentwiel«
Format: 21 x 14,5 cm; 96 Seiten, mit 51 Abbildungen; broschiert;

Herbert Schindler/Toni Schneiders
Kunstlandschaft Bodensee
Ein Spiegel europäischer Kultur
Format: 25 x 32,5 cm; 183 Seiten, mit 80 meist ganzseitigen Farbabbildungen; Leinen mit Schutzumschlag; dreisprachig

Stadler Verlagsgesellschaft
Wollmatinger Straße 22
7750 Konstanz
Telefon 07531/54027
Telefax 07531/56220

Werner Deppert
Mit Dampfmaschine und Schaufelrad
Die Dampfschiffahrt auf dem Bodensee 1817–1967
Format: 27,5 x 24 cm; 160 Seiten; Leinen mit Schutzumschlag;

Malerischer Bodensee
Text von Maré Stahl, Fotos von Toni Schneiders, Jürgen Wisckow u.a.
Format: 32 x 22 cm; 80 Seiten, 32 ganzseitige Vierfarb-Abb.; gebunden;

Interessieren Sie sich für weitere Bücher aus unserem Verlag?
Fordern Sie unser Verlagsverzeichnis an.

DAMPFSCHIFF

HOHENTWIEL